KB059102

기획자의 일

／ 양은우 ／

아이디어, 실행, 성과까지 일의 흥망성쇠를 좌우하는

기획자의 일

비즈니스북스

기획자의 일

1판 1쇄 발행 2020년 6월 10일
1판 5쇄 발행 2024년 5월 17일

지은이 | 양은우
발행인 | 홍영태
편집인 | 김미란
발행처 | (주)비즈니스북스
등 록 | 제2000-000225호(2000년 2월 28일)
주 소 | 03991 서울시 마포구 월드컵북로6길 3 이노베이스빌딩 7층
전 화 | (02)338-9449
팩 스 | (02)338-6543
대표메일 | bb@businessbooks.co.kr
홈페이지 | http://www.businessbooks.co.kr
블로그 | http://blog.naver.com/biz_books
페이스북 | thebizbooks
ISBN 979-11-6254-147-0   03190

비즈니스북스는 독자 여러분의 소중한 아이디어와 원고 투고를 기다리고 있습니다.
원고가 있으신 분은 ms1@businessbooks.co.kr로 간단한 개요와 취지, 연락처 등을 보내 주세요.

오늘도 머리를 쥐어짜며 고민하고 있을
현장의 모든 기획자에게 이 책을 전합니다.

당신은 어떤 기획자인가요?

기획이란 일은 꽤 매력적이다. 내 머릿속에서 나온 생각 하나로 조직 전체를 움직이거나 사람들이 내 말에 따라 일사불란하게 움직이게 할 수 있으니 이만큼 매력적인 일이 또 있을까? 25년간 직장 생활을 하면서 꾸준히 기획 일을 해왔지만 단 한 번도 이 일에 부담을 느껴본 적이 없다. 오히려 내 일에 대한 자부심이 강했고 아무리 어렵고 골치 아픈 일이라도 즐거운 마음으로 받아들였다.

안타깝게도 '기획'이라고 하면 사람들은 일단 힘들고 막막하다는 생각부터 한다. 그래서 대부분 재미없다 여기고 일을 맡지 않으려 한다. 하지만 기획은 직장 생활을 하는 사람이라면 누구에게나 필요하다. 기획 부서에 근무하는 사람만 기획을 하는 것이 아니다. 영업이나 마케팅 업무에도 기획이 필요하고 생산에도 기획이 필요하다. 구매나 물류, 인재 개발, 재무, 전략에도 기획이 필요하다. 회사의 모든 부서, 모든 구성원에게 기획은 피할 수 없는 일 중 하나다.

기획은 삶에서도 중요한 기술이다

어디 회사뿐인가? 일상 속에서도 기획이 필요하다. 한 예로 결혼을 결심한 사람이 예비 배우자의 기억에 남을 프러포즈를 하고 싶은 경우를 생각해보자. 물론 이벤트 회사를 찾아가 문의하면 좋겠지만 비용이 부담스럽다면 모든 일을 혼자 꾸며야 할 것이다. 언제, 어디서, 어떤 방식으로 상대에게 프러포즈를 할지, 어떻게 해야 상대가 감동하고 오랫동안 기억할지 고민해야 한다. 이런 준비 과정도 일종의 기획이다. 뭔가 없던 일을 새롭게 꾸며내야 하기 때문이다.

즐거운 일에만 기획이 필요한 것은 아니다. 회사에서 명예퇴직을 당했거나 갑자기 회사를 그만두게 되어 앞일이 막막할 때, 이를 극복하고 안정적인 경제활동을 시작하기 위해서도 기획이 필요하다. 도저히 적성에 맞지 않는 일과 꼰대 같은 상사 때문에 직장 생활이 괴롭다면 그곳에서 벗어나기 위해서도 기획이 필요하다. 기획을 잘하면 일이 의도한 방향으로 흘러가고 좋은 결과를 얻을 수 있지만, 잘못하면 일이 틀어지거나 원치 않은 결과를 가져올 수 있기 때문이다.

기획, 왜 어렵게 느껴질까?

기획은 직장 생활을 하거나 일상을 살아가는 데 반드시 필요한 것 중 하나지만 대부분의 사람이 막연히 어렵다는 생각부터 한다. 아마도 경험에서 오는 반응이 아닐까 싶다. 기획 업무를 지시받는 순간부터 날밤을 새울 각오를 하거나 서너 번은 재작업해야 하고 미리부터 '깨질'

준비를 하는 등 애초에 포기하는 심정으로 일을 대한다. 하지만 왜 어렵고 힘든지에 대해서는 생각해보지 않는다. 어떻게 하면 이 일을 잘할 수 있을지 길을 찾지 않는다. 문제를 알아야 해결을 할 텐데 문제를 찾기 위한 질문을 하지 않는 것이다. 이 세상에 존재하는 모든 문제의 실마리는 올바른 질문을 하는 것부터 시작된다는 점을 기억해야 한다.

똑같이 대학을 졸업하고, 똑같이 신입사원 교육을 받아도 어떤 사람은 일을 잘하는 반면 어떤 사람은 도무지 발전하지 못한다. 차이가 무엇일까? 교육학자인 피터 센게Peter Senge에 따르면 학습이 효과를 내기 위해서는 성찰과 반성이 필요하다. 즉 자신이 한 일에 대해 피드백을 받으면 이를 통해 잘못된 점이 무엇인지 되돌아봐야 한다. 여기서 얻은 깨달음으로 다음에 똑같은 실수를 반복하지 않고 부족한 점을 보완할 수 있기 때문이다.

기획 일을 잘하고 싶다면 피드백, 특히 부정적인 피드백의 의미를 이해하고 해결 방안을 찾아야 한다. 부정적인 피드백을 받았을 때 상사 탓, 동료 탓을 하거나 스스로 개선하려 하지 않으면 아무리 시간이 지나도 발전은 없다. 일을 시작하면서 지적을 받지 않는 사람은 없다. 그러니 일을 잘하고 싶다면 피드백을 감정적으로 받아들이지 말고 그것이 의미하는 바와 개선 방법을 찾아야 한다.

반드시 성공하는 기획 노하우는 있다

이 책에서는 일의 방향을 제대로 잡기 위해 상사의 의도를 이해하고 전략적 관점에서 정확히 문제를 파악하는 법, 논리적으로 현상과 원인을 분석하고 자신의 의견을 정리하는 법, 가치를 만들어낼 수 있는 창의적이고 차별화된 대안을 도출하는 법, 보고를 받는 상사의 뇌리에 강력하게 꽂힐 색깔 있는 결론을 도출하는 법, 아이디어를 구체화하고 실천 가능한 계획을 수립하는 법, 힘겹게 만들어낸 결과가 성과로 이어질 수 있도록 상사를 설득하는 법 등 다양한 노하우를 제시했다.

더불어 기획의 질을 높일 수 있도록 정보를 제대로 활용하는 방법과 상사의 입장에서 사고하는 방법, 지엽적인 관점에서 벗어나 큰 틀에서 문제를 다루는 노하우 등을 다룬다.

경우에 따라 이미 잘 알려진 내용도 있지만 25년 동안 기획 일을 하면서 다져온 나만의 노하우를 담으려고 했다. 내가 실제로 겪은 일, 주변에서 자주 일어날 수 있는 사례들을 활용했고, 후배를 가르치는 마음으로 그들이 편안하게 읽을 수 있도록 쓰려고 했다. 이 책이 다양하고 방대한 기획의 모든 것을 빠짐없이 담고 있다고 말할 순 없지만, 적어도 여기에 나오는 내용들을 익혀 자기 것으로 만들면 기획이 더 이상 두렵고 어렵지만은 않다는 생각이 들 것이다.

부디 이 책이 기획안 수정으로 날밤 새우는 모든 직장인에게 현실적인 조언과 위로가 되길 바란다.

2020년 5월

양은우

차례 _____

도대체 내 기획은
왜 까일까?

기획의 결과는 최종적으로 보고서의 형태로 나타난다. 그래서 보고서를 읽은 사람(대개 상사나 의뢰인)의 반응을 보면 기획의 결과에 대한 만족도를 알 수 있다. 또 무엇이 부족하고 무엇을 마음에 안 들어 하는지도 알 수 있다.

25년 동안 줄곧 기획 업무를 담당하면서 직접 보고하는 경우도 있지만 다른 사람이 보고하고 이를 지켜보는 경우도 꽤 많았다. 내가 보고하는 게 10퍼센트라면 다른 사람의 보고를 지켜보는 게 90퍼센트 정도 된다. 어떤 경우든 보고하는 자리에서 자주 듣는 반응(피드백)이 있다. 주로 다음과 같다.

"이거 말고…. 내가 말한 건 이게 아닌데."
"이게 맞아? 정말 이렇게 하면 되겠어?"
"그래서, 하고 싶은 말이 뭔데?"

"한마디로 결론이 뭐야?"

"당신 생각은 뭔데?"

"결론이 왜 이렇게 나와? 앞뒤가 안 맞는 것 같은데?"

"좀 다른 거 없어?"

"그게 되겠어? 안 될 것 같은데…."

"어떻게 할 건데?"

"왜 그렇게 시야가 좁아?"

"내가 굳이 이런 것까지 알아야 하나?"

"누가 그래? 그건 당신 생각이고…."

"좀 간단하게 정리할 수 없어?"

"수고했어."

"…."

이 외에도 많지만 간추려보면 대개 위와 같은 반응들을 마주하게 된다. 누구나 한 번쯤 들어봤으리라. 자신이 밤새워 힘들게 작성한 보고서에 대해 상사가 이런 피드백을 하면 보고하는 사람 입장에서는 눈앞이 깜깜해진다. 그리고 머릿속에서는 이런 생각들이 떠오른다.

'누가 이걸 해오라고 했느냐니? 자기가 시킨 거 아닌가? 자기가 시켜놓고 왜 나한테 물어보지?'

'하고 싶은 말? 보고서에 다 적어놨는데. 제발 보고서 좀 꼼꼼히 읽

어보시라고요!'

'결론? 보고서 맨 뒤에 결론이라고 큼지막하게 적어놨는데 읽고 말하는 건가?'

'다른 거라니? 도대체 뭘 원하는 거야?'

사실 보고를 받는 사람의 입장에서 살펴보면 그런 말을 하는 데는 나름의 이유가 있다. 아무리 트집 잡기 좋아하는 사람이라고 해도 이유 없이 트집을 잡지는 않는다(물론 정상적인 사람이라면 말이다). 그렇다면 그런 말을 하는 이유를 알아보고 개선책을 생각해볼 수 있지 않을까? 이유나 의도를 알면 그에 대응할 수 있지만 왜 그런지 모르면 아무런 조치도 취할 수 없다.

이때 필요한 것이 질문이다. 왜 상사는 저런 말을 하는 걸까? 분명 자기가 시킨 일인데 왜 이런 보고를 하냐고 오리발을 내미는 걸까? 보고서에 적힌 내용을 뻔히 보면서도 왜 내 생각을 되묻는 걸까? 이렇게 스스로 질문해보고 답을 찾아야 한다.

문제를 해결하려면 그 원인부터 찾아야 하듯 기획 일을 잘하려면 자신의 보고에 대한 피드백이 무슨 의미인지부터 알아야 한다. 그러면 상사들이 자주 말하는, 앞서 제시한 피드백들에 대해 좀 더 구체적으로 살펴보자.

상사의 의도는 따로 있다

"이거 말고…. 내가 말한 건 이게 아닌데.""왜 이런 보고를 하는 거야?""누가 이거 하라고 했어?" 사실 이런 피드백은 상사가 업무를 지시할 때 의도하고 기대했던 것과 실제 보고가 맞지 않을 때 나오는 말이다.

예를 들어 회사의 신제품 매출이 생각보다 지지부진해서 팀장이 "왜 이렇게 매출이 부진하지? 대책을 생각해서 보고해줘."라고 했다고 해보자. 지시를 받은 팀원은 매출을 높이기 위한 영업이나 마케팅 전략을 생각한다. 날밤을 새워가며 없는 아이디어를 쥐어짜내 고객 이벤트를 만들고 다양한 행사를 통해 고객을 늘릴 수 있는 방안들을 생각해낸다. 졸린 눈을 비벼가며 겨우 기한에 맞춰 보고서를 가져가지만 막상 팀장이 알고 싶은 것은 매출을 높이는 방안이 아니라 제품의 경쟁력을 높이는 방안일 수도 있다.

이렇게 일의 결과물이 지시한 사람의 의도와 다르게 나타나면 "내가 말한 건 이게 아닌데."라는 말을 들을 수 있다. 혹은 이렇게 말하지 않더라도 빨간 펜으로 보고서를 죄다 뜯어고치거나 친절하게 처음부터 다시 그림을 그려준다면 같은 이야기인 것이다.

엉뚱한 문제, 엉뚱한 답

"이게 맞아? 정말 이렇게 하면 되겠어?" 이 피드백은 문제의 정의와 관련된 내용이다. 상사의 의도를 제대로 파악했다고 해도 문제를 잘못 정의하면 엉뚱한 결과를 끌어낼 수 있다.

상사는 실무자가 아닌 까닭에 주어진 현상을 문제로 던지는 경우가 많다. 예를 들어 최근 출산율이 저하되는 것은 우리 사회의 구조적인 문제 중 하나다. 단순히 '사람들이 아이를 안 낳는다'라고 문제를 정의하면 모든 대책은 아이를 낳도록 만드는 데 집중될 수밖에 없다. 그래서 나오는 대책이 출산장려금을 지원하는 것이다. 하지만 출산율이 저하된 이면에는 아이를 낳아도 키울 수 없는 상황이거나 경제적, 사회적 문제로 아이를 낳고 싶지 않은 이유도 있을 수 있다.

따라서 출산장려금 정책은 아이를 낳고 싶지 않은 부모의 마음을 움직이기 어렵다. 보다 근본적인 원인을 찾아 환경을 개선하거나 장기적인 비전을 제시해야 한다. 그러면 문제를 '아이를 안 낳는다'가 아니라 '아이를 낳고 싶어 하지 않는다', '아이를 키울 환경이 안 된다'로 정의해야 한다. 그래야 해결 방안이 달라진다.

문제를 어떻게 정의하느냐에 따라 완전히 다른 결론이 나올 수 있다. 앞서와 같은 피드백을 듣는다면 문제를 올바르게 정의했는지 점검해봐야 한다.

내 결론에 물음표가 붙는 이유

"그래서, 하고 싶은 말이 뭔데?" "한마디로 결론이 뭐야?" "당신 생각은 뭔데?" 아마도 기획 일을 하는 사람들이 가장 많이 듣는 말일 것이다. 보고서에 작성자의 의도나 주장이 명확히 드러나 있지 않아 아무리 읽어도 하고 싶은 말이 무엇인지 이해되지 않는다는 말이다. 문제는 이런 피드백을 들으면 실무자는 보고서에 있는 내용을 그대로 다시 반복한다는 점이다. "제가 하고 싶은 얘기는요….." 하면서 보고서를 읽어 내려간다.

하지만 상사가 이 말을 한 이유는 보고서에 있는 내용을 다시 듣고 싶은 게 아니다. 아무리 성의 없는 상사라고 해도 보고서를 읽지도 않고 결론이 무엇이냐고 묻지는 않는다. 읽었음에도 불구하고 주장하는 내용이 뚜렷하지 않거나 무엇인지 알 수 없기 때문이다. 자신의 주장을 분명하게 드러내지 않으면 아무리 보고서를 읽고 말해봤자 대화가 통할 리 없다. 기획자는 기획자대로, 상사는 상사대로 답답해하다 서로 감정만 상할 뿐이다.

이런 피드백에 담긴 의미는 2가지로 해석할 수 있다. 첫째, 결론이 결론이 아니다. 둘째, 결론에 주장하는 바가 담겨 있지 않다.

첫째, 결론이 결론이 아니라는 건 결론이라고 끌어낸 내용이 하나마나 한 무의미한 내용이라는 말이다. 예를 들어 어떤 매장의 매출이 지속적으로 하락한다고 해보자. 원인을 분석해서 대책을 세우라는 지시를 받고 고민 끝에 '고객만족도 향상이 필요함'이라는 결론을 내렸다. 이것이 과연 결론일까?

고객만족도는 모든 기업이 제일 먼저 신경 써야 하는 일이다. 고객만족도가 높아야 자사 제품이나 서비스에 대한 사용이 늘어나고 그로부터 매출이나 수익 향상을 기대할 수 있다. 이렇게 기업이 존재하기 위한 전제조건을 결론으로 내세운다면 그건 결론이 없는 것이나 다를 바 없다. '잘해야 한다'는 것이 결론이 될 수 있을까?

두 번째로, 결론에 주장하는 바가 담겨 있지 않다는 건 기획 의도가 선명하게 드러나지 않았다는 말이다. 보고서의 콘셉트가 명확하지 않다는 말이기도 하다. 콘셉트는 주어진 문제를 어떻게 해결하겠다고 한마디로 정의한 것이다. 그런데 아무리 보고서를 읽어봐도 해결 방안이 보이지 않으니 상사로선 답답할 수 있다.

일반적으로 좋은 보고서는 전반에서 기획자의 주장이 뚜렷하게 드러난다. 주장이 상사의 생각과 일치하면 더할 나위 없겠지만, 다르다 해도 내용이 선명하다면 그것을 바탕으로 토론이 이뤄질 수 있다. 하지만 주장 자체가 분명하지 않으면 대화가 진행될 수 없다.

결국 모든 보고서에는 기획자가 말하고 싶은 내용이 한마디로 압축되어 있어야 한다. 이것이 콘셉트다. 결론을 알 수 없고 말하고 싶은 내용이 무엇인지 알 수 없다면 기획자의 의도가 전혀 들어가 있지 않은 것이다. 여기에 대고 보고서의 내용을 아무리 반복해서 말해봤자 상사의 입장에서는 속만 터질 뿐이다. 기획자는 자신의 말을 알아듣지 못한다며 상사를 욕하겠지만 막상 잘못은 자신에게 있다는 사실을 깨닫지 못한다.

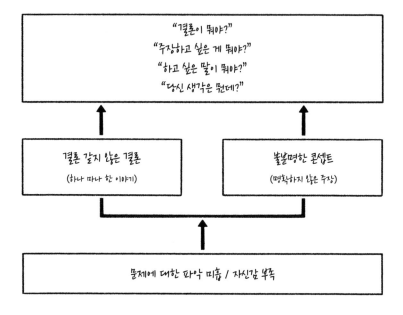

상사로부터 결론이 무엇이냐는 질문을 받는 이유

그렇다면 왜 기획자는 결론 같지 않은 결론을 끌어냈을까? 왜 명확하지 않은 주장을 결론이라고 내세울까? 아마도 문제를 제대로 파악하지 못했을 가능성이 높다. 문제와 문제를 둘러싼 상황, 문제가 일어난 근본 원인, 해결책 등을 분명하게 파악하지 못하고 두루뭉술하게 이해했다면 보고서를 쓰면서도 의구심이 들었을 것이다. 스스로 확신하지 못하고 의구심이 생기는 내용에 대해 명확하게 기술할 수는 없다. '일단 쓰고 보자' 같은 생각은 '적자생존'('적는 사람이 살아남는다'는 뜻)의 본능만을 깨울 뿐이다.

안드로메다로 날아간 논리를 찾아라

"결론이 왜 이렇게 나와? 앞뒤가 안 맞는 것 같은데?" 이 말은 보고서의 논리 구조가 뚜렷하지 않다는 것을 의미한다. 보고서가 논리적이라는 것은 현상에서 시작해 징검다리를 하나씩 밟고 건너다 보면 자연스럽게 결론으로 이어지는 경우를 말한다. 하지만 추론 과정이 자연스럽지 않으면 '현상 따로, 결론 따로'가 되어 마치 '따로국밥'처럼 느껴질 수밖에 없다.

상사가 이런 이야기를 한다는 것은 현상에서 원인, 대안에 이르기까지 논리가 명확하지 않고 합리적인 추론이 이뤄지지 않았다는 말이다. 보고서를 쓸 때 현상과 결론이 동떨어진 느낌이 들거나 원인에서 해결책을 도출하는 과정이 마치 이가 빠진 징검다리처럼 비어 있어 비약적으로 느껴진다는 뜻이다. 그래서 결론을 쉽사리 수용하기 어렵다는 의미다.

특히 문제가 복잡할 경우 이런 일이 자주 일어난다. 기획자가 문제의 인과관계를 정확히 파악하지 못했거나 각각의 연결 관계를 충분히 고려하지 않고 무리하게 결론을 이끌어냈거나 논리의 중간 단계를 통째로 빼먹을 경우 그렇다. 이런 피드백을 들었을 때는 자신이 제시한 논리 구조를 다시 살펴보고 각 내용이 유기적으로 연결돼 있는지 점검해봐야 한다.

신선한 해결책이 필요하다

"음, 그런 거 말고. 좀 다른 거 없어?" 이런 말을 들으면 대개는 자존심이 상할 것이다. 하지만 이런 이야기는 주로 보고서의 차별성이나 창의성을 문제 삼는 경우에 나온다.

기획자는 주어진 과제에 대해 나름의 해결책을 제시했지만, 지나치게 일반적이거나 누구나 생각할 수 있는 수준이라면 보고를 받는 입장에서는 실망스러울 수밖에 없다. 나 역시 직장 생활을 할 때 회의에서나 상사에게 보고하는 자리에서 "그것밖에 안 되냐."는 타박이 나오는 걸 자주 목격했다(물론 그때도 지금도 그런 식의 피드백을 해서는 안 되지만 말이다).

보고를 받는 사람의 입장에서는 이미 과거에도 유사한 해결책을 많이 접했을 수 있다. 물론 사람의 생각이라는 게 '거기서 거기'이다 보니 애써 고민해도 새로운 생각을 끌어내기 어렵다. 그래서 일반적인 결론을 이끌어내곤 하지만, 상사의 입장에서 이런 내용은 실망스러울 수밖에 없다. 상사는 늘 자신이 기대했던 것을 뛰어넘는 보고를 원한다. 그런데 막상 보고 내용이 이미 알고 있거나 기대했던 것과 다를 바 없으면 실망하게 된다. "좀 다른 거 없어?"는 그런 실망을 드러낸 말이다. 이런 말을 들었을 때는 좀 더 색다르거나 창의적인 대안을 고민하는 게 정답이다. 순간 감정이 상한다고 '그럼 네가 해봐' 같은 불만을 품어서는 해결되지 않는다.

현실성 제로 전략을 경계하라

"그게 되겠어? 안 될 것 같은데…." 이 말은 제시된 대안이 현실성이 없다거나 실현되기 어렵다는 의미다. 한 예로 출산율이 저하된 상황에서 유아용품의 매출을 늘리기 위한 방안을 내놓았다고 해보자. 출산율 저하는 사회적, 경제적 문제이고 그 누구도 피해 갈 수 없는 현실이다. 많은 것이 바뀌지 않으면 해결될 수 없으며 일개 기업에서 사회적 구조 전체를 바꿀 순 없다. 따라서 위와 같은 방안은 대부분 현실성이 떨어질 수밖에 없다. 좀 더 실현 가능한 대안을 찾는 것이 필요하다.

상사가 기획서의 제안 내용에 확신을 갖지 못할 경우 이런 말을 하기도 한다. 이럴 때는 그 제안이 실현 가능하다는 사실을 부각시켜 확신을 심어주어야 한다. 즉 확실한 근거와 대응 전략이 필요하다. 그렇지 않고 넘어가면 애써 한 일이 무위로 돌아갈 수 있다.

바로 움직일 수 있는 계획을 담아라

"어떻게 할 건데?" 이 질문은 제시된 대안이 아이디어 수준에 머물러 있어 구체적이지 않거나 실행 계획이 명확하지 않다는 말이다.

보고서는 가급적 완결성을 갖춰야 한다. 물론 단계적으로 대안을 제시하고, 각각의 실행 방안을 구체화해나갈 수도 있다. 그러나 좋은 보고서는 그 자체로 모든 보고가 끝나고 바로 실행할 수 있는 것이어야 한다. 보고서가 '최종 수정', '최최종 수정', '진짜 마지막 최종 수정' 버전으로 줄줄이 이어져서는 안 된다. 보고서에 즉시 실행할 수 있는 구체적인 계획을 반드시 포함시켜라. 제시한 아이디어를 어떻게 바로 실행할 수 있는지, 직접 실행하는 실무자라고 생각하고 구체화하려는 노력이 필요하다.

코앞의 일만 수습하다 둑이 터진다

"왜 그렇게 시야가 좁아?" "왜 그렇게 생각이 짧아?" 어렵사리 보고서를 작성해서 가져갔더니 이런 피드백을 듣는 경우도 꽤 많다. 이건 무슨 의미일까? 기획을 하는 사람들이 흔히 빠지는 함정 중 하나는 '코앞 신드롬'이다(또는 '손바닥 뒤집기 신드롬'이라고도 할 수 있겠다. 둘 다 실제 있는 용어는 아니다!).

일반적으로 과제가 주어지면 기획자들은 가급적 짧은 시간에 해결하려고 한다. 해결책을 제시하는 것이 급하다 보니 문제를 다양한 관점에서 폭넓게, 멀리 보지 못하고 코앞에 보이는 해결책에 집착한다. 열이 나면 바로 해열제를 먹는 식이다. 이를 손바닥 뒤집기 식 또는 대증적 처방이라고 한다. 대증對症이란 겉으로 드러난 증상에 대해 처방한다는 의미다. 간염에 걸려 열이 나는 사람에게 해열제를 먹이는 것은 올바른 치료를 받을 기회를 놓치고 더 나쁜 결과를 가져올 수도 있는 방법이다.

회사는 하나의 시스템이기 때문에 하나의 문제는 또 다른 문제를 야기할 수도 있다. 당장 눈앞에 보이는 문제를 막기 급급해서 손바닥 뒤집듯 처방을 내리다 보면 더 심각한 문제가 발생할 수 있고 장애 요인이나 리스크를 피할 수 없게 된다. 기획자는 자신이 제시한 해결책이 또 다른 문제를 야기하지는 않는지 예상되는 리스크나 장애 요인

발생 여부를 폭넓은 시각에서 점검해야 하며 만일 있다면 그것까지 해결책에 포함시켜야 한다.

상사가 정말 궁금한 내용일까?

"그건 실무자들이 알아야 할 내용이고." "내가 굳이 이런 것까지 알아야 하나?" 보고를 하다 보면 종종 이런 말을 하면서 짜증을 내는 상사가 있다. 보고서는 보고를 받는 사람의 관점에서 작성되어야 한다. 뒤에서 다시 다루겠지만 보고서를 작성하는 이유는 문제에 대한 궁금증을 해결해주거나 필요한 의사결정을 내릴 수 있도록 돕거나 의사결정 사항에 대해 실행을 촉구하기 위해서다. 이 3가지가 보고서를 작성하는 목적이다.

모든 보고서는 상사의 입장에서 작성되어야 한다. 궁금증이 있는 사람도 상사요, 의사결정을 내리는 사람도 상사요, 해결책을 실행할 수 있게 지원하는 사람도 상사다. 그런데 막상 보고서가 실무자의 입장, 기획자의 입장에서 쓰였다면 상사는 자신의 역할을 제대로 할 수 없다. 이것 역시 기획 일을 하는 사람들이 많이 하는 실수 중 하나다.

그렇다면 어떻게 해야 할까? 입장을 바꿔서 생각해야 한다. 문서를 작성하는 사람은 기획자 자신이지만 보고서에 담기는 내용들은 상사의 입장에서 작성되어야 한다. 이를 위해 이런 질문을 던져야 한다. 이 내용은 상사 입장에서 궁금한 것일까? 이런 내용을 담으면 상사의 궁금증이 해결될까? 이렇게 정리하면 상사 입장에서 의사결정을 내리기 편리할까? 이대로만 하면 상사 입장에서 실행 가능해 보일까?

특히 피해야 할 경우는 자신이 가지고 있는 모든 데이터와 자료를 걸러 정리하지 않고 그대로 보고하는 것이다. 상사가 내용을 읽고 직접 해석하도록 만드는 보고서는 결코 좋은 보고서라 할 수 없으며 상사에게 일을 시키는 것이나 마찬가지다(내가 아는 누군가는 그런 경우를 '고문'이라고까지 표현했다). 실무적인 데이터는 필요한 경우에만 제시하고 기획자 자신이 그 데이터를 보고 해석한 내용을 전달해야 한다. 그래야 궁금증 해결이나 의사결정, 실행 촉진이라는 보고의 목적에서 벗어나지 않을 수 있다.

팩트 체크는 필수다

"누가 그래? 그건 당신 생각이고…." 보고 도중 이런 피드백을 받아본 적이 있는가? 만일 그렇다면 보고서의 신뢰도에 빨간불이 켜진 것이다. 상사가 보고서의 내용 전반에 대해 의심하기 시작했다는 의미일 수 있다.

일반적으로 보고를 받는 사람은 보고하는 사람에 비해 상위 직급에 있고 따라서 좀 더 정제되고 고급스러운 정보를 얻을 기회가 많다. 지식이나 유사한 사례 경험도 많다. 그런데 보고서의 내용과 자신이 알고 있는 내용이 상충할 경우 대부분의 상사는 자신이 아는 것에 더 무게를 두게 된다. 따라서 문제 제기를 할 수밖에 없다.

그러므로 기획 과정에서 다루는 모든 정보는 사실에 기반해야 한다. 만일 기획자 자신의 의견이라면 반드시 그 근거를 충분히 확보해야 한다. 주관적인 추론이나 개인적인 의견만으로 보고를 한다면 보고서와 기획자에 대한 신뢰가 떨어지고 곤란한 상황에 처할 수도 있다.

상사의 시간을 빼앗지 마라

"좀 간단하게 정리할 수 없어?" 이 말은 보고서가 지나치게 장황해서 핵심이 없다는 뜻이다. 앞서 보고서는 철저히 상사의 관점에서 작성해야 한다고 했는데 이는 상사의 시간을 배려하는 부분도 포함돼 있다. 자신이 알고 있는 모든 내용, 현상에서 결론을 도출하는 모든 과정이 미주알고주알 담겨 있으면 이를 파악하려는 상사의 입장에서는 시간에 쫓길 수밖에 없다. 그래서 대개는 "핵심만 간추려 말해달라." 라고 한다.

좋은 보고서는 간결하다. 단순히 내용을 압축하는 게 아니라 핵심만 남기고 불필요한 것을 제거해야 한다. 보고서를 쓸 때 항상 핵심만 담겨 있는지를 검토해야 한다.

중요한 점은 이런 피드백을 들었을 때 '무엇을 생각해야 할까?'라는 것이다. 즉 어떻게 대응하는지가 중요하다. 간단하게 정리하라고 했으니 10페이지짜리 보고서를 3페이지 정도로 줄이면 되는 걸까? 그렇지 않다. 사실 "좀 간단하게 정리할 수 없어?"라는 피드백은 내용이 장황하다는 말이지만 실제로 그 이유는 단순히 내용이 많아서가 아니라 핵심이 없어서일 수도 있다.

생각해보라. 할 말이 명확하다면 할 말만 하면 된다. 그렇지 않기 때문에 어떻게든 보고서의 분량은 채워야 하고 하지 않아도 될 말을 많이 할 수밖에 없다. 이때는 앞서 살펴본 피드백으로 돌아가야 한다. 즉 보고서의 내용을 줄이기 전에 먼저 주장과 콘셉트가 명확한지 점검해봐야 한다.

자신이 보고서의 내용을 명확히 파악하고 있는지, 보고서에 자신의 주장이 선명하게 드러나 있는지, 주장을 한마디로 압축할 수 있는지 등을 되짚어보라. 보고서의 양을 물리적으로 줄이는 것은 그다음에 할 일이다. 내용 없는 보고서를 무작정 분량만 줄이다 보면 그야말로 '깡통'만 남을 수 있다.

피드백 없는 무플은 위험하다

보고받는 사람이 "수고했어."라고 말하고 끝낸다면 그건 칭찬일까? 이 말은 상황에 따라 다르게 해석해야 한다. 때로는 칭찬일 수도 있지만 때로는 모욕일 수도 있다. 진심으로 잘했다고 칭찬하는 경우라면 문제가 되지 않는다. 하지만 한편으로는 그 보고서에 '더 이상 기대할 게 없다'는 의미일 수도 있다. 더 이상 뭐라고 말한들 별로 새로운 게 나올 것 같지 않지만 그동안 고생했으니 수고했다는 말로 마무리하는 것이다.

내 경우 실제로 이런 경험이 있었다. 오픈마켓이라는 주제를 던져주고 뭔가를 조사해서 보고하라고 했는데 당시 팀장이 여러 사람을 모아 약 한 달간 스터디를 했다. 이후 결과를 보고했지만 최종 보고를 받은 상무가 한 말은 "수고했어."라는 말 한마디뿐이었다. 이어서 한 얘기는 "공부 잘했네."였다. 매출을 만들고 수익을 창출해야 하는 기업에서 공부를 잘했다는 말은 모욕이나 다를 바 없다. 그러니 수고했다는 말을 들었다고 해서 무조건 일을 잘했다고 착각해서는 안 된다. 어떤 맥락에서 그런 말을 했는지 알아야 하고 칭찬이 아니라 기대할 게 없다는 의미라면 심각하게 받아들여야 한다.

보고 도중에 상사가 조는 모습을 본 적이 있는가? 나는 수도 없이 봤다. 보고를 받는 사람도 졸고, 그곳에 있는 다른 사람들도 졸고, 오직 보고하는 사람만 떠들고 있는 모습을 꽤 자주 목격했다. 놀라운 사실은 그렇게 졸다 깨서도 하고 싶은 말을 다 한다는 것이다. 분명 졸고 있었는데 정확히 보고서에 있는 내용을 지적한다. 단지 조는 척했던 것일까? 그렇지 않다.

사람은 누구나 '추측 기제'라는 것을 가지고 있다. 추측 기제란 상대방이 뭔가 이야기를 하려고 하면 그것이 어떻게 전개될지 예상하는 것을 말한다. 만일 보고 내용이 예상과 딱 맞으면 더 이상 그 보고에 관심을 가질 필요가 없다. 수많은 경험을 통해 이미 유사한 사례를 알고 있으니 말이다. 그러니 보고받는 상사가 졸다가 깨서 자신이 알고 있는 얘기만 해도 보고자의 입장에선 놀랄 수밖에 없다.

이럴 때는 어떻게 하면 좋을까? 매번 보고할 때마다 졸게 놔두어야 할까? 이때는 보고받는 사람의 추측 기제를 파괴해야 한다. 즉 기대하지 못한 내용을 집어넣거나 배경, 목적, 현황, 추진 경과 등으로 이어지는 문서의 흐름에 변화를 주거나 색다른 대안을 제시하거나 자신만의 차별화된 색깔을 보여주는 등 상대의 추측 기제를 무너뜨릴 수 있는 내용을 포함시킨다. 그럼으로써 보고할 때 졸면 안 된다는 인식을 심어주어야 한다. 집중하고 듣지 않으면 안 되겠다는 생각이 들어야 주의 깊게 듣고 관심을 갖게 된다.

기획 능력을 기르는 10가지 기술

일상생활 속의 기획, 예를 들면 결혼을 위해 프러포즈를 하거나 결혼기념일을 맞아 특별한 행사를 기획하거나 부모의 팔순을 맞아 가족여행을 준비하는 것은 힘들면서도 즐겁다. 그 이유는 애써 준비한 기획의 결과물이 나를 포함해 모든 사람을 즐겁게 해주고 긍정적인 결과를 가져오기 때문이다.

하지만 직장에서 하는 기획은 힘만 들 뿐 즐겁지 않다. 기획의 결과물이 내게 주는 즐거움은 별로 없고 과정은 힘들기만 하다. 그렇지만 기획은 나의 생각대로 조직 전체를 움직일 수 있는 강력한 힘을 가지고 있다. 내 머릿속에서 나온 생각에 따라 사람들이 움직이고 시스템이 바뀐다면 그것만큼 자신의 가치를 직접적으로 깨닫거나 재미나 즐거움을 느낄 일이 또 있을까?

과정도 마찬가지다. 모든 기획 업무는 궁극적으로 보고서를 통해 드러난다. 보고서에 대해 돌아오는 피드백과 그 이유에 대해 의문을 갖고 답을 찾으려 하면 결과적으로 기획의 수준도 높아진다. 상사의 의도를 정확히 파악하고, 문제를 올바르게 정의하고, 일관된 논리 구조에 따라 색깔이 분명한 결론을 도출하고, 사실과 의견을 구분해 정보를 활용하고, 창의적인 대안을 제시하려고 노력하고, 그 모든 것을 상대의 추측 기제를 망가뜨릴 정도로 개성 있게 전달한다면 자연스럽게 기획 역량이 향상될 것이다.

이제 밤새 작성한 기획안이 까이지 않도록 하는 10가지 기술에 대해 하나씩 자세히 살펴보도록 하자.

Chapter
1

기획의 시작은
'마음 읽기'다

성공적으로 기획한 제품이나 서비스에는 몇 가지 두드러진 특징이 있다. 첫째, 고객의 요구 사항을 충실하게 반영하고 있다. 둘째, 시대적 트렌드를 잘 반영하고 있다. 셋째, 혁신적이거나 창의적이거나 뭔가 차별화된 요소를 담고 있다. 한마디로 트렌드에 맞는 소비자의 니즈를 차별화된 방식으로 충족시켰다는 특징이 있다. 제품이나 서비스의 높은 품질은 두말할 필요도 없는 기본 중의 기본이다.

제일 먼저 고려해야 할 요소는 고객의 니즈를 파악하고 충족시켜야 한다는 것이다. 예를 들어 모 할인점에서 개발한 '노브랜드'No Brand라는 상품군은 '좋은 품질의 제품을 싸게 사고 싶다'는 고객의 니즈를 충실히 반영한 것으로 짧은 시간에 많은 호응을 이끌어냈다.

과거에도 할인점이나 편의점 등에서 만든 프라이빗 브랜드Private Brand, PB는 있었지만 낮은 품질로 '싸구려'라는 인식을 덮어쓴 채 외면당하기 일쑤였다. 하지만 노브랜드는 기존 브랜드 제품 가격의 절반에서 3분의 1 정도밖에 안 되는 싼 가격임에도 품질은 크게 뒤지지 않아 가성비를 찾는 소비자들의 니즈에 부응하고 있다.

모든 기획 과제에 있어 일차적인 고려 사항은 고객의 니즈를 충족시키는 것이다.

반드시 '진짜 니즈'를 파악하라

고객의 니즈를 파악하는 일이 어떻게 보면 대수롭지 않게 여겨질 수 있겠지만 사실 그 능력이 성공과 실패를 가르는 기준이 될 수도 있다. 고객의 마음속에 정말로 어떤 생각이 들어 있는지를 아는 것이 가장 중요하다.

한 예로, 《마리안느》라는 잡지의 경우를 살펴보자. 이 잡지는 여성 잡지의 대부분을 차지하는 섹스, 루머, 스캔들 등을 배제하고 정치, 경제, 사회, 문화 등의 분야에서 교양 있고 수준 높은 콘텐츠를 다루는 고급 잡지를 표방했다. 또한 잡지를 만들기에 앞서 기획 단계에서 1,000여 명의 주부들을 대상으로 그런 잡지가 만들어지면 구독하겠느냐는 설문 조사를 했는데, 설문 결과 주부들의 95퍼센트가 기꺼이 구독하겠다고 했다.

그러나 막상 잡지가 창간되고 나자 실제 구독자 수는 처참하리만큼 적었다. 결국 창간 17개월 만에 《마리안느》는 구독자 부족으로 폐간되고 말았다. 설문에 응답한 주부들이 실제로는 기존의 잡지가 더 재미있다고 여기면서도 설문에서는 속마음을 숨기고 교양 있는 척 대답한 결과였다.

국내 모 치킨 프랜차이즈 업체가 중국 시장에 진출했을 때도 마찬가지였다. 이 치킨 업체는 한류 붐을 타고 야심차게 중국 시장 진출을 기획했다. 1만여 명을 대상으로 대규모 로드테스트를 실시한 결과, 믿을 수 없을 만큼 반응이 좋았다. 맛을 본 중국인들은 엄지손가락을 치켜들며 그 업체가 중국에 진출할 경우 기꺼이 사 먹겠다고 답했다. 하지만 막상 뚜껑을 열어보니 결과는 로드테스트에서 나온 답변과 상당히 달랐다.

중국의 식문화는 우리나라와 상당히 다르다. 중국인들은 허기를 채우기 위해서만 식사를 하지 않는다. 식사를 통해 자기과시와 사람들과의 교류를 추구한다. 그래서 실제 먹을 수 있는 것보다 더 많은 음식을 시킴으로써 자신의 세를 과시하고, 식사를 하면서 사람들과의 관계(꽌시)를 만들어나가는 것이 매우 중요하다. 하지만 치킨은 주로 집에 혼자 있을 때 배달을 시켜 먹는 음식이다. 다시 말해 치킨은 그날 자신이 필요한 만큼만 시켜 먹는 것으로, 이 메뉴로 특별히 인간관계를 돈독하게 다진다거나 자신의 능력을 과시하기도 어렵다. 따라서 로드테스트와는 다르게 그 치킨 업체가 중국 시장에 진출했을 때 소비자들의 반응은 냉랭할 수밖에 없었다.

고객의 니즈를 자기 편의대로 왜곡하는 것도 문제다. 고객이 충족시키고자 하는 니즈가 제품이나 서비스를 제공하는 기업의 자의적인 해석으로 왜곡될 경우 고객은 등을 돌릴 수밖에 없다. 한 예로 모 식품회사에서 출시했던 G 커피는 웰빙과 건강을 추구하고 싶어 하는 최근 소비자의 니즈에 맞춰 '건강까지 생각하는 커피'라는 콘셉트로 만들어졌다. 커피에 녹용 성분을 추가해 제품 이름도 녹용의 성분 학명을 본떠 만든 것이다.

하지만 커피의 본질은 건강이 아니다. 건강을 생각하며 커피를 마시는 사람은 없다. 커피의 본질이 건강이 아님에도 불구하고 건강이나 웰빙 콘셉트를 추구한 것은 소비자의 니즈를 왜곡한 것이다. 게다가 녹용은 커피와는 분위기가 달라도 너무 다르다. 그 옛날 오래된 다방에 앉아 계란 띄운 쌍화차를 마셔본 사람이 아니고서는 한약 냄새가 나는 커피를 좋아할 리 없다. 결국 이 제품은 커피의 주 수요층인 젊은 세대의 외면을 받을 수밖에 없었고 그런 제품이 있었는지조차 모르게 시장에서 사라지고 말았다.

내 기획서의 고객은 상사다

이처럼 고객의 니즈를 제대로 파악하지 못하면 어떤 제품이나 서비

스도 성공하기 어렵다. 새로운 제품이나 서비스가 성공하기 위해서는 반드시 고객의 니즈 파악이 선행돼야 하며 이것이 성공과 실패를 가르기도 한다. 하지만 문제는 고객이 정말로 무엇을 원하는지 파악하는 일이 그리 쉽지 않다는 데 있다. 몇 가지 이유가 있는데 그중 한 가지가 고객은 항상 마음속에 있는 얘기를 전부 다 꺼내놓지 않는다는 것이다.

고객의 니즈는 빙산과 같다. 수면 위로 보이는 빙산의 크기는 아주 작지만 수면 밑에는 상상할 수 없이 큰 빙산 덩어리가 잠겨 있다. 빙산의 일각만을 보고 고객의 니즈를 파악했다고 생각하는 순간 기획은 실패로 돌아갈 수 있다. 늘 수면 밑에 알 수 없는 뭔가가 있다는 것을 기억해야 한다.

때로는 고객조차 자신이 원하는 것이 무엇인지 알지 못하는 경우도 많다. 지금은 스마트폰이 일상생활에 없어서는 안 될 필수품이 되었지만, 만일 스티브 잡스가 스마트폰을 구상하기 전에 소비자들에게 설문조사를 했다면 지금과 같은 형태의 제품이 탄생할 수 있었을까? 폴더폰이 만연하던 그 시절에, 그 어떤 소비자도 잡스가 구상한 혁신적인 형태의 통신 장비를 꿈꾸진 못했을 것이다.

또한 많은 고객이 자신의 니즈를 제대로 설명하지 못하기도 한다. 자신이 원하는 것은 분명 A임에도 불구하고 그들이 설명하는 니즈는 오히려 B나 C에 가깝다. 그러면 고객의 니즈를 들은 업체는 E나 F를 만들어낸다.

① 고객이 설명한 것
② 프로젝트 매니저가 이해한 것
③ 사업 컨설턴트가 그려놓은 것
④ 분석가가 설계한 것
⑤ 프로그래머가 개발한 것
⑥ 실무자가 설치한 것
⑦ 베타테스터가 받은 것
⑧ 고객이 진짜 원한 것
⑨ 광고에서 보이는 것
⑩ 고객이 지불한 것
⑪ 문서화된 것
⑫ 타 시스템과 호환되는 것

고객의 니즈를 해석하는 다양한 관점

기획 일도 마찬가지다. 기획을 잘하기 위해서는 제일 먼저 고객이 원하는 것을 충족시켜야 한다. 고객이란 자사의 제품이나 서비스를 구매하는 일반 소비자일 수도 있지만 직장 내에서 일차적인 고객은 자신에게 업무를 지시한 사람, 즉 상사다. 상사의 니즈를 충족시키지 않고서는 절대 훌륭한 기획자가 될 수 없다. 상사는 내가 한 모든 일에 대해 앞으로 더 나아갈 수 있도록 문을 열어줄지, 아니면 닫아 걸을지를 결정하는 게이트 키퍼gate keeper이기 때문이다. 상사라는 관문을 통과하는 열쇠는 상사의 니즈를 충족시키는 기획이다.

생각해보라. 똑같은 업무를 지시해도 어떤 사람은 잘 알아듣고 어떤 사람은 못 알아듣는다. 여러 번 같은 말을 반복하지 않아도 상사의 지시 사항을 찰떡같이 알아듣고 지시한 일을 척척 해오는 사람과 같은 말을 수없이 반복해도 제대로 알아듣지 못하고 엉뚱한 일을 해오는 사람이 같은 평가를 받을 수 있을까? 결국 기획 역량은 회사 내 고객, 즉 상사의 니즈를 어떻게 파악하고 충족시키느냐에 달려 있다고 해도 지나친 말은 아니다.

한글 프로그램부터 열지 마라

새로운 기획 업무가 주어지면 제일 먼저 무엇부터 하는가? 파워포인트나 워드 혹은 한글 같은 문서 작성 프로그램부터 띄워놓는가? 몇 시간이고 텅 빈 화면만 보면서 푹푹 한숨을 내쉬진 않는가? 안타깝게도 많은 사람들이 그렇게 한다. 하지만 한숨을 내쉬기 전에 먼저 해야 할 일이 있다.

기획의 결과물은 보고서이지만 보고서를 작성하기 위해서는 사전에 명확하게 기획의 방향이 결정되어야 한다. 문제가 무엇이며 이 문제를 해결하기 위해서는 어떻게 해야 하는지 방향이 잡힌 이후에 일을 시작해야 한다. 만일 방향이 잘 잡히지 못한 상태에서 무작정 문서 작성 프로그램을 열어 뭔가를 써 내려가기 시작한다면 자칫 엉뚱한 길로 들어설 수 있다. 마치 사격을 할 때 옆 사람의 표적지를 쏘는 것 같은 일이 벌어질 수 있다.

2004년 아테네 올림픽에서 있었던 일이다. 미국의 매튜 에먼스는 50미터 소총 3자세 예선에서 1,169점을 기록해 중국의 지아장보에 이어 2위로 결선에 올랐다. 결선 초반에 1위였던 지아장보가 갑자기 페이스를 잃자 에먼스는 여섯 발째부터 선두를 달리기 시작했고 아홉 발째가 끝난 뒤에는 점수 차를 3점까지 벌려 금메달을 확정지었다. 남은 한 발은 7점 이상만 쏘면 되었기에 누구도 그의 금메달을 의심할 순 없었다.

드디어 마지막 열 발째. 모든 선수의 격발이 끝났다. 그런데 놀랍게도 에먼스의 표적지는 깨끗했다. 에먼스는 심판진을 보며 분명히 격발이 되었고 에러가 아니냐는 제스처를 취했지만 결과는 0점 처리였다. 알고 보니 에먼스가 너무 긴장한 탓인지 옆 사로에 있던 오스트리아 선수의 표적지를 맞혔던 것이다. 결국 에먼스는 마지막 한 발에서 0점을 기록하고 8위로 추락했다.

기획을 할 때 방향을 제대로 잡지 못하면 에먼스처럼 옆 사로의 표적지를 쏘는 것과 같은 일이 벌어진다. 금메달을 기대했지만 노메달에 그친 것처럼 힘은 힘대로 들고 좋지 못한 피드백을 받을 수 있다. 컴퓨터에 빈 화면을 띄우기 전에 방향에 대해 고민하는 시간이 필요하다. 그 고민은 상사의 의도를 정확하게 파악하는 것부터 시작해야 한다.

기획을 시작하는 2가지 방식

기획 업무를 수행하는 데는 2가지 방식이 있다. 하나는 위에서 아래로 과제를 내려주는 톱다운Top-down 방식이고, 다른 하나는 밑에서 위로 올라가는 보텀업Bottom-up 방식이다. 두 방식 중 어느 쪽이 더 어려울까? 톱다운이 됐든 보텀업이 됐든 모든 기획이 어렵지만 굳이 고른다면 개인적으로는 톱다운 방식이 더 어렵다고 생각한다.

먼저 보텀업 방식부터 살펴보면 이 경우는 기획 과제를 찾는 것이 어렵다. 어느 정도 경험과 경륜이 쌓이지 않으면 불가능하다. 물론 기획의 재능을 타고난 사람들은 경험이나 경륜 없이도 손쉽게 기획 과제를 찾아낼 수 있지만 그런 사람은 그리 많지 않다. 적어도 몇 년 정도는 직장 생활의 경험이 있어야만 할 수 있다.

어렵사리 과제를 찾았다고 해도 그것을 해야 하는 필요성이나 당위성 등을 윗사람에게 설득하는 작업이 만만치 않다. 세상에서 제일 어려운 일 중 하나가 누군가에게 나의 생각에 따르도록 설득하는 일이다. 하지만 자신이 고민해서 찾아낸 과제이므로 적어도 무엇을 해야하는지, 어떤 결과물을 만들어내야 하는지에 대해서는 고민하지 않아도 된다.

반대로 톱다운 방식은 과제를 찾아야 하는 수고는 피할 수 있지만 상사의 니즈를 파악하는 것이 쉽지 않다. 그렇다 보니 과제를 받았을 때 무엇을 하라는 것인지, 결과물을 어떻게 도출해야 하는 것인지 감을 잡기가 어렵다. 해야 할 일을 설득하는 것과 무엇을 해야 할지 감을 잡지 못해 끙끙 앓는 것 중 어느 것이 더 힘들까? 당연히 감을 잡지 못해 날밤을 새우며 끙끙 앓는 것이 더 힘들다.

기획을 잘하기 위해서는 고객의 니즈를 파악하는 것이 제일 먼저 해야 할 일인데, 직장인이라면 다들 공감하겠지만 상사의 의도를 파악하는 일은 결코 쉽지 않다. 왜 그럴까? 여기에는 3가지 이유가 있다. 첫째는 '지식의 저주' 때문이고, 둘째는 '고맥락의 문화' 때문이다. 셋째는 지시를 내리는 '리더의 인식 부족' 때문이다. 이를 좀더 자세히 살펴보자.

이유 ❶ 소통을 방해하는 '지식의 저주'

미국의 심리학자 엘리자베스 뉴턴Elizabeth Newton은 한 가지 재미있는 실험을 했다. 사람들을 두 그룹으로 나눈 후 한 그룹이 다른 그룹에게 미국 국가나 생일 축하 노래와 같이 대중적으로 잘 알려진 곡을 알아맞힐 수 있게 전달하는 게임을 했다. 그런데 문제는 노래를 불러서 알아맞히는 게 아니라 오로지 책상을 두드려서만 곡을 전달해야 했다.

실험 결과 참가자들은 120곡 중 단 세 곡, 즉 2.5퍼센트만을 알아맞혔다. 실제로 이 게임을 해보면 재미있는 일들이 많이 벌어진다. 조금 더 쉽게 동요로 곡을 바꿔도, 막상 게임을 해보면 감을 못 잡는 경우가 허다하다. 〈징글벨〉의 '종소리 울려라 종소리 울려'를 〈자전거〉의 '따르릉 따르릉 비켜나세요'로 잘못 알아듣는가 하면, 아예 무슨 노래인 지조차 모를 때도 많다.

문제는 이렇다. 어떤 곡, 예를 들어 〈퐁당퐁당〉이라고 하면 책상을 두드리는 사람의 머릿속에는 그 노래의 리듬과 가사가 선명하게 흘러 간다. 그래서 듣는 사람들이 그 노래를 알아맞히지 못하는 게 오히려 이상하게 여겨진다. 하지만 듣는 사람은 아무런 배경지식이 없기에 책 상을 두드리는 사람의 머릿속에 흘러가는 음악이 떠오르질 않는다.

이 문제는 사람들이 소통을 할 때 자주 일어나는 일이다. 소통이란 '막히지 않고 잘 통한다'는 뜻이다. 말하는 사람이 A라고 말했을 때 듣 는 사람도 A라고 알아들어야 통한 것이다. A라고 말했는데 B나 C, 최 대한 양보해서 A′라고 들어도 그건 제대로 된 소통이 아니다. 제대로 소통하지 못한 부분은 오해가 되어 쌓인다. 오해가 축적되면 시간이 지날수록 서로를 멀리할 수밖에 없다.

직장에서도 이런 일들이 비일비재하게 벌어진다. 상사의 머릿속에 는 자신이 전달하려는 업무의 내용과 배경, 목적, 원하는 결과물들이 시나리오처럼 쫙 펼쳐진다. 그래서 '내가 이렇게 이야기하면 알아듣겠 지?' 생각하며 지시를 마친다. 하지만 팀원의 입장에서는 아무런 사전 정보도, 배경지식도 없는 상태에서 상사가 하는 말만 들어야 하는데 이는 마치 책상을 두드리는 소리만 듣는 것 같다.

업무를 지시하는 사람은 자신의 머릿속에 선명한 그림이 있으므로 그 내용을 전달하면 상대가 알아들을 것이라고 생각한다. 그리고 상대가 못 알아듣는다는 사실을 이해하지 못한다. 이런 현상을 '지식의 저주'curse of knowledge라고 한다. 특히 상사의 역량이나 지식, 경험이 뛰어날수록 이런 현상이 나타난다. 상대가 아무것도 모른다는 점을 염두에 두지 않고 자신과 동등한 위치에 놓고 생각하기 때문이다. 이렇듯 듣는 사람의 수준을 고려하지 않고 자신의 수준에서 업무를 지시하기 때문에 의도를 파악하기가 어려운 것이다.

이유 ❷ 행간을 알아들어야 하는 '고맥락 문화'

상사의 의도 파악이 어려운 두 번째 이유는 '고맥락'high context의 소통 문화 때문이다. 내가 처음 입사한 직장은 L 그룹의 주력 회사인 L 전자였다. 가전 분야 연구소의 기획팀에서 근무했는데 매년 말이 되면 그룹의 회장이 업무 보고를 받기 위해 연구소를 찾았다. 보통 12월 초순이나 중순쯤 방문이 이뤄지고 몇 달 전에 일정이 통보되었다. 그러면 팀장은 나를 불러 이렇게 지시하곤 했다.

"양 대리, 회장님이 12월 10일에 오신대. 보고 준비해."

지금 생각하면 정말 막무가내인 상사가 아닐 수 없지만 당시에는 모든 업무 지시를 그런 식으로 했다. 그러면 연간 100여 개가 넘는 프로젝트 중 어떤 것을 보고해야 할지, 성공한 것만 보고할지 아니면 실패한 것까지 포함시킬지(한번은 실패한 프로젝트를 포함시켰다가 연구소 전체가 발칵 뒤집힌 경우가 있었다!), 보고의 기조는 어떻게 가져갈지, 콘텐츠는 어떻게 구성할지 등 궁금한 사항이 산더미처럼 쌓였다. 그러나 그 모든 것을 '네가 알아서 해'라는 식으로 지시를 받은 것이다.

한국의 기업에서 상사의 지시는 보통 이렇다. 목표했던 매출을 달성하지 못할 것 같으면 담당자를 불러 이렇게 말한다. "왜 이렇게 자꾸 매출이 빠져? 캐치업catch up 방안 가져와." 무엇을 어떻게 하라는 얘기는 없다. 그저 할 일만 딱 던져주는 식이다. "내년도 사업 계획 어떻게 할 거야? 초안 가져와 봐." "요즘 직원들 이직률이 높은 것 같네. 왜 그런지 살펴보고 대책 가져와." 이런 지시를 받으면 눈앞이 깜깜해질 수밖에 없다. 내가 마지막에 근무했던 회사도 마찬가지였다. 내게 신사업을 맡겼지만 사업의 방향성에 대해서는 그 누구도 입 한번 뻥긋하지 않았다.

이런 커뮤니케이션 형태는 동양화와 서양화에 비유할 수 있다. 동양화는 화선지에 붓을 몇 번만 놀리면 난초가 되고 소나무가 된다. 대략적인 윤곽만으로도 훌륭한 그림이 되는 것이다(동양화 그리기가 쉽다는 얘기는 아니니 오해가 없길 바란다). 추사 김정희가 그린 〈세한도〉歲寒圖를 보라. 누구나 한 번쯤은 '나도 저만큼은 그리겠다'는 생각을 하지 않았을까? 이 그림에서 대부분은 여백이다. 이 그림뿐 아니라 동양화에는 반드시 여백이 있어야 하고 여백은 그림의 한 요소다. 이것이 고맥락 문화다. 대략적인 얘기만 할 테니 나머지는 듣는 사람이 알아서 채워 넣으라는 것이다.

반면에 서양화는 캔버스 구석구석을 꼼꼼하게 채워야만 한다. 색이 칠해지지 않은 빈 공간이 있으면 안 된다. 여백이란 것은 존재하지 않는다. 예전에 잠깐 그림을 배운 적이 있는데, 서양화는 심지어 캔버스를 펼쳤을 때 접힌 부분이 티가 나지 않도록 캔버스의 옆면이나 윗면까지 색을 칠해야 한다. 업무로 치면 아주 상세한 내용까지 미주알고주알 지시하는 셈이다. 이를 저맥락low context 문화라고 한다.

문제는 업무 지시가 고맥락 문화 안에서 이뤄지다 보니 지시에 담겨 있는 의도나 배경, 목적을 이해하기가 쉽지 않다는 것이다. 담당자가 알아서 맥락을 파악해 눈치껏 일해야 하는데 회사 일이 눈치로 이뤄진다는 게 말이 되는가? 눈치가 빠른 사람들은 실오라기 같은 단서만으로도 일을 풀어나가겠지만, 상대적으로 눈치가 부족한 사람들은 일을 해나가기 어려울 것이다. 명확한 업무 지시로 서로 합의가 이뤄진 상태라면 문제없이 할 수 있는 일인데 눈치와 감으로 일해야 한다면 뭔가 잘못된 게 아닐까?

또한 리더는 자기도 잘 모르는 상태에서 업무 지시를 내려서는 안 된다. 요즘에는 경영 환경이 복잡해지다 보니 리더도 감 잡기 어려운 과제들이 불쑥 튀어나오곤 한다. 예를 들어 '4차 산업혁명이 바꿔놓을 미래의 모습과 그에 대응하기 위한 우리의 전략'에 대해 보고하라는 사장님의 지시가 있었다고 해보자. 이런 지시는 리더도 미처 내용을 파악하거나 방향을 잡기 어렵다. 이런 과제를 실무자에게 던져주면 과연 잘할 수 있을까? 이런 경우 가장 좋은 방법은 실무자와 함께 내용을 파악하고 방향을 정립하는 것이다. 그래야 실무자가 만들어온 문서에 대해 평가할 자격을 갖추게 된다.

가장 최악의 상사는 윗사람이 지시한 내용을 아무 여과 없이 아랫사람에게 전달하는 사람이다. 임원 방에 불려갔다 부서로 돌아오자마자 담당자를 부른다. "○○○ 씨, 상무님이 이러이러한 거 하래." 흔히 의사 전달 과정에서 한 단계를 거칠 때마다 내용의 15퍼센트가 손실된다고 한다. 상사가 중간에 있어서 내용의 15퍼센트가 손실된다면 굳이 그런 상사가 필요할까? 내용조차 제대로 전달되지 않는데 말이다. 정말 최악의 상사임에 틀림없다.

이유 ❸ 팀원의 성장을 좌우하는 '리더의 인식'

상사의 의도 파악이 어려운 세 번째 이유는 리더의 인식 때문이다. 흔히들 리더는 부하직원을 육성한다는 취지에서 미주알고주알 구체적으로 지시를 하지 않는다. 즉 고맥락의 방식으로 지시한다. 그래야 부하직원이 성장할 수 있다고 생각한다. 어떤 측면에선 동의하지만 결과적으론 동의하기 어렵다. 꼭 고맥락으로만 지시해야 사람이 성장할 수 있을까? 그렇다면 하나하나 소통하고 상대가 이해할 때까지 설명하는, 즉 저맥락으로 대화하는 직장 문화에서는 부하직원이 전혀 성장할 수 없을까?

착각해서는 안 된다. 리더는 자율과 통제를 적절히 활용할 수 있어야 한다. 이제 막 일을 시작한 부하직원의 경우는 어느 정도 통제가 필요하지만 나중에는 자율에 맡겨야 한다. 일을 시작할 때는 명확한 방향 제시가 필수적이다. 배경이나 의도, 목적 등 방향을 알려주지도 않고서 그저 닦달하듯 지시만 내린다면 결코 성장은 없다. 해야 할 일과 방향을 뚜렷이 제시하고 이후에는 전적으로 부하직원의 역량에 맡겨야 한다. 그래야 직원들이 성장할 수 있다. 시간 자원도 효율적으로 활용할 수 있고 업무 생산성도 높아질 수 있다.

다음 지시 내용을 한번 살펴보자. 이것은 직원들을 성장시키는 업무 지시일까?

> "이 과장, 마케팅 채널 변경 건 말이야. 다음 주에 상무님께 보고해야 하니까 목요일까지 준비해줘."

이것을 이렇게 바꿔보면 어떨까?

> "이 과장, 마케팅 채널 변경 건 말이야. 다음 주에 상무님께 보고해야 하니까 준비해줘. 상무님이 임원회의에서 채널 변경 계획을 보고할 예정이고 다른 분들 의견을 반영해서 최종 의사결정을 내리게 될 거야. 다른 임원분들은 마케팅 채널을 왜 변경해야 하는지 잘 모르니까 현재 소비자들의 구매 채널 변화 트렌드를 분석하고 타사 사례와 우리 회사 사례를 비교해서 우리 회사가 어떻게 변화해야 하는지 방향과 구체적인 실행 계획을 수립해줘. 데이터는 IT 부서에 요청하면 될 거고 이 건과 관련해 일전에 최 대리가 기초 조사한 게 있으니까 참고하면 될 거야. 목요일까지 일차 보고서를 완성하고 금요일

오전 10시에 같이 검토해보자고. 다른 팀원들과 같이 협의할 테니까 그 시간에 회의 소집하고."

첫 번째와 같은 지시를 받은 실무자는 앞이 깜깜할 것이다. 하지만 두 번째 같은 지시를 받으면 마음이 한결 가볍다. 물론 이런 지시를 받았다고 해서 일이 모두 해결되는 건 아니지만 적어도 마음의 부담은 훨씬 덜 수 있다.

리더란 구성원들이 일을 잘하나 못하나 감시하는 게 아니라 그들이 보다 편하게 업무에 임하도록 해서 역량을 100퍼센트 발휘할 수 있게 도와주는 사람 아닐까? 그렇다면 적어도 지시를 내리기 전에 과제의 내용과 목적, 만들어내야 할 결과에 대해 충분히 이해할 수 있도록 이야기해야 한다. '개떡같이 말해도 찰떡같이 알아듣길' 바라고 업무를 지시해서는 안 된다.

좋은 질문으로 포문을 열어라

지금까지 상사의 의도 파악이 어려운 이유들에 대해 살펴봤다. 안타깝게도 모두 상사가 인식을 개선하고 바꾸지 않으면 안 될 항목들이다. 그러면 지시를 받는 실무자의 입장에서는 상사가 바뀌기만을 기다

려야 할까? 상사가 바뀌지 않으면 계속 뒷담화만 하면서 끙끙 앓아야 할까? 그렇지 않다. 상사가 변해야 하는 만큼 실무자도 업무 방향을 올바르게 수립하기 위해 상사의 의도를 파악하려는 노력을 해야 한다.

상사의 의도를 파악하는 방법은 크게 2가지로 나눌 수 있다. 첫째는 질문하는 것이고, 둘째는 업무계획서를 사전에 작성해보는 것이다.

뭔가 해야 할 일을 지시받았을 때 배경이나 목적, 의도, 만들어내야 할 결과물이 명확하지 않거나 이해되지 않는다면 궁금한 사항이 더 이상 없을 때까지 계속 질문하는 것이 가장 좋다. 처음에 상사의 지시를 이해했다고 해도 다시 질문해서 내용을 확인받는 것이 바람직하다. 실무자는 업무의 방향을 올바로 수립하기 위해 다음과 같은 내용들을 확인해야 한다.

- 무엇을 하라는 것인가?
- 왜 이 일을 해야 하는가?
- 이 일을 지시한 배경은 무엇인가?
- 이 일을 통해 알고자 하는 것은 무엇인가?
- 어떤 내용들이 담겨야 하는가?
- 이 일의 결과를 최종적으로 보고받을 사람은 누구인가?
- 이 일의 결과를 어떻게 활용하려고 하는가?
- 누구의 협조를 받아야 하는가?
- 언제까지 해야 하는가?

일을 잘하는 사람과 못하는 사람의 차이는 질문에서 온다. 궁금한 사항에 대해 질문하지 않고 혼자서만 머리 싸매고 고민하는 사람은 일을 못하는 사람이다. 반대로 질문을 통해 올바른 방향을 도출하고 원하는 결과물을 만들어내는 사람은 일을 잘하는 사람이다. 그러니 질문하기를 두려워해서는 안 된다. '이런 질문을 해도 괜찮을까?' '이런 질문을 하면 멍청하다고 생각하지 않을까?' 이런 생각 때문에 질문하기를 망설이다가는 기회를 놓치고 혼자서 끙끙 앓게 될 수도 있다. 그러다 상사의 의도와 어긋난 결과물을 내놓고 무능한 직원으로 낙인찍힐 수도 있다.

상사 역시 직원들이 질문하는 것을 자유롭게 허용하고 받아들여야 한다. "넌 이런 것도 모르냐?" 또는 "그걸 나한테 물으면 어떡해?"라며 대뜸 면박부터 주지 말고 최대한 실무자들이 궁금해하는 것을 해결해줘야 한다.

그럼에도 여전히 윗사람에게 질문하는 것이 껄끄러울 수 있다. 사람에 따라 그런 유형이 있을 수도 있다. 그러나 그럴 때도 혼자 고민하는 것보다는 자신의 생각을 정리해서 확인을 받는 것이 좋다. 다음 페이지의 표와 같이 지시받은 내용에 대해 정리해보고 상사에게 들고 가서 맞는지 확인을 받는다. 이렇게 준비해서 질문하면 상사도 대답을 해줄 수밖에 없다. 그리고 대답을 한다는 것은 지시 사항을 실무자가 이해했다고 컨펌하는 것이나 다를 바 없다. 나중에 자신이 한 얘기가 아니라고 오리발 내밀 수 없는 것이다.

지시받은 날짜		
보고의 배경		
과제 내용		
목적		
도출해야 할 결과물		
결과물의 활용		
협조 부서		
지원받을 사항		
보고받는 사람	1차	
	2차	
	최종	
납기		

업무 수행 전에 확인해야 할 사항들

비유하자면 일을 잘하는 사람은 탁구를 치듯 일한다. 탁구 경기에서는 내가 공을 오래 가지고 있으면 안 된다. 상대방으로부터 공이 넘어왔을 때 가급적 빠른 시간 안에 다시 상대방에게 공을 돌려줘야 한다. 그래야만 승산이 있다. 그러니 지시를 잘 이해하지 못하고 혼자서 고민하는 것은 오랫동안 공을 쥐고 있는 것과 다를 바 없다. 그렇게 혼자 고민하다 일주일쯤 시간이 흘러 상사를 찾아가면 그때는 이미 늦다. 일주일이라는 시간이 흘러버렸기 때문이다. 그러면 상사는 "여태 뭐 했어? 그동안 뭘 한 거야?"라는 말이 튀어나올 수밖에 없다.

지시를 받았을 때 즉시 궁금한 사항을 질문하거나 내용을 정리해서 상사에게 맞는지 확인받아야 한다. 이것이 공을 상사에게 넘기는 방법이다. 공을 받은 상사는 그 공을 처리해야 한다. 즉 질문에 맞는 대답을 해주거나 미처 답변이 준비되지 않은 경우라도 고민해보고 늦게라도 답을 해줘야 한다. 그렇게 했음에도 불구하고 "알아서 해."라는 말을 했다면 리더의 자격이 없는 사람이다. 실무자도 그런 상사는 떠나는 것이 바람직하다. 더 이상 배울 것이 없는 사람이니 말이다.

A4 용지 한 장에 담긴 기획 비결

상사의 의도를 파악하는 두 번째 방법은 사전에 간단하게 업무계획서를 작성해보는 것이다. 사실 이 방법은 질문을 하는 것과 다름이 없지만 실무자로서 좀 더 강한 인상을 심어줄 수 있다.

나는 25년간 기획 일을 하면서 보고서로 인해 어려움을 겪어본 적이 없다. 신입사원 시절부터 내가 만든 거의 대부분의 문서는 별다른 수정 없이 임원이나 사장에게 보고되었으며 평가도 좋았다. 팀장이 되어 작성한 보고서는 회장에게 논스톱으로 보고되었다. 보고서 때문에 애를 먹어본 적이 거의 없으니 직장 생활이 상대적으로 수월했다고 할 수 있다. 그 비결은 사실 신입사원 시절에 내 직속 임원이 해준 조언에 있었다.

그분은 보고서를 쓰기 전에 반드시 A4 용지 한 장에 내가 하려는 업무 내용을 간단히 손으로 써오길 바랐다. 지시받은 내용은 무엇이며, 배경과 목적은 무엇인지, 무엇을 해야 하는지, 업무를 어떻게 전개해나갈 것인지, 어떤 내용들을 담을 것인지 아무런 형식 없이 정리해오도록 했다. 내용을 정리해서 가면 그것을 보면서 맞는 것과 수정할 것을 알려주었다. 실무자인 내게 그분의 교육은 일하는 데 정말로 큰 도움이 되었다. 오히려 질문을 할 때보다 훨씬 수월하게 일을 진행할 수 있었다.

예를 들면 다음과 같은 과제가 주어졌다고 해보자.

전략팀에서는 국내와 중국 시장에 대한 의존도를 줄임으로써 환경 변화에 따른 리스크를 낮추고자 유럽 시장에 대한 진출 타당성을 검토하고 있습니다. 때마침 한류 열풍으로 한국 제품에 대해 소비자들이 호의적인 데다 자사와 전략적 제휴를 원하는 유럽계 화장품 회사가 나타났습니다. 이런 이유로 전략팀 팀장님이 유럽 시장의 진출 가능성을 검토하기 위한 시장조사를 지시했습니다. 납기는 2주 후이며, 결과에 따라 유럽 시장 진출을 위한 후속 조치가 진행될 것입니다.

이런 일이 주어졌을 때 바로 일을 시작하는 것이 아니라 업무 내용은 무엇이며 어떻게 수행할 것인지 업무계획서를 작성해보는 것이다.

예를 들면 다음과 같이 작성할 수 있다.

제가 해야 할 일은 유럽 시장 진출 가능성을 타진하기 위한 시장조사를 하는 것입니다. 최근 한류 열풍으로 한국 제품에 대해 유럽인들이 호의적인 데다 자사와 전략적 제휴를 원하는 유럽계 업체가 등장해 유럽 시장 진출 가능성이 높아졌습니다. 그래서 진출 가능성을 검토해보기 위한 것이 본 조사의 목적입니다. 보고 내용은 자사가 유럽 시장에 진출하는 것이 경제적으로 타당성이 있는지 여부를 판단하는 기초 자료입니다. 타당성이 있는 것으로 판단될 경우 추가적인 조사와 검토가 따를 것이며 따라서 이런 의사결정의 기반이 되는 자료를 만들어내야 합니다.

이 업무를 수행하기 위해 유럽 화장품 시장의 크기와 성장률, 주요 경쟁 업체, M/S(시장점유율), 수익성 등의 시장 자료와 소비자들에 대한 브랜드 선호도, 주요 셀링 포인트, 가격과 유통 경로, 한국 화장품에 대한 소비자 인식 등 소비자 조사를 하도록 하겠습니다. 이로부터 유럽 소비자들이 화장품을 구매하는 데 영향을 미치는 핵심 요소가 무엇인지 밝혀내고 자사가 보유한 역량, 그리고 전략적 제휴를 원하는 업체가 보유한 역량과 비교해 가능성을 타진해볼 계획입니다. 또한 공급 측면에서도 주요 원재료와 공급 업체, 조달 가능성, 협상력bargaining power 등을 살펴보고 물류 측면에서의 장단점도 살펴보도록 하겠습니다. (중략) 자료 조사는 전문 업체를 활용하고 결과는 3주 후 8월 15일(월)까지 보고하도록 하겠습니다.

　여기에는 내가 수행해야 할 과제의 내용과 산출물, 목적과 배경뿐 아니라 업무를 어떻게 수행하겠으며 언제까지 하겠다는 내용들이 담겨 있다. 업무를 어떻게 수행하겠다는 부분이 간략하긴 하지만 이 부분을 조금 더 자세하게 작성해서 상사와 이야기를 나눈다면 업무 방향을 정하는 데 훨씬 도움이 될 것이다. 상사는 이 내용을 보면서 자신의 생각을 덧붙일 수도 있고 보완해야 하는 부분에 대해 조언할 수도 있다. 실무자의 입장에서도, 상사의 입장에서도 일 처리가 훨씬 수월해지는 것이다.

　조금 더 욕심을 내자면 이 단계를 넘어 만들고자 하는 보고서의 모크업mock-up을 아웃라인outline만 그려서 다시 한번 상의를 해보는 것도 좋은 방법이 될 수 있다. 앞에서 만든 업무계획서를 바탕으로 상사와 이야기를 나누고 나면 전체적인 업무의 스토리라인이 확정된다. 그것을 어떻게 문서로 작성할 것인지 문서의 흐름과 레이아웃, 분석할 내용들만 빈 장표로 만드는 것이 모크업이다.

　이것까지 만들어 상사에게 컨펌을 받으면 상사는 상사대로 실무자가 어떤 내용을 만들어올지 알 수 있고 필요한 내용을 조언할 수 있다. 또한 실무자는 실무자대로 필요한 내용들만 파악하면 되니 업무 속도를 높일 수 있다. 나는 팀장이나 임원으로 일할 때 늘 이런 식으로 직원들과 소통했는데, 업무의 효율성과 속도가 빨라진 것은 물론 결과도 좋았다.

상사에게 질문하기와 사전 업무계획서 작성하고 모크업 만들기. 이 2가지가 상사의 의도를 파악하기 위해 기획자들이 꿰어야 할 첫 번째 단추다. 다시 한번 말하지만 기획자가 하는 일은 고객(상사)의 니즈를 파악해서 충족시키는 것이다. 니즈가 무엇인지 정확히 알아야만 옆 사람의 표적지를 맞히지 않고 내가 쏘아야 할 표적지에 집중할 수 있다. 대다수는 업무에 쫓기다 보니 방향을 잡기도 전에 성급하게 문서 작성 프로그램부터 띄우지만, 그렇게 해서 만들어진 보고서는 상사의 니즈를 충족시키지 못하고 재작업에 들어가 시간은 시간대로 들어가고 의욕도 반감된다.

초기에 상사의 의도를 파악하고 방향을 정립하는 과정이 좀 더디게 느껴져도 이 단계가 탄탄하게 이뤄지면 나중에 비효율적으로 소모하는 시간을 줄일 수 있다. 탄탄하게 수립된 계획은 뒤로 가면서 안정적으로 추진될 수 있지만 허술하게 만들어진 계획은 돌고 돌아 제자리로 돌아올 가능성이 높다.

한 조사에 따르면 직장인들의 70퍼센트가 문서 작성에 어려움을 겪고 있고, 95퍼센트가 3회 이상 작성한 문서에 대해 수정 지시를 받거나 반려를 당하고 있다고 한다. 그 모든 이유가 처음부터 방향을 제대로 잡지 못한 채 문서 작성부터 매달리기 때문이다. 처음에는 좀 더디더라도 상사의 의도를 정확하게 파악하고 방향을 올바르게 수립하는 데 시간을 더 많이 투입하라.

기획의 출발점은 마음을 읽는 것이다

기획의 출발은 고객(상사)의 니즈를 파악하는 것이다. 그리고 니즈를 충족시킬 수 있는 방향을 찾아내는 것이다. 이 단계가 기획이 어렵게 느껴지고 좌절하는 단계다. 이 단계가 수월하게 진행되면 상대적으로 기획에 대한 자신감도 높아지고 그리 어렵게 느껴지지 않을 수도 있다. 해야 할 일이 무엇인지 명확하게 알면 일이 상대적으로 수월하게 여겨지지만, 한 치 앞을 내다볼 수 없는 안개 속에 서 있는 듯한 느낌으로 일을 시작하면 결코 즐겁게 할 수 없다. 따라서 일단 기획과 친해지기 위해서라도 이 단계를 절대 소홀히 해서는 안 된다.

한 가지 팁을 알려주자면, 상사의 의중을 잘 파악하려면 평소에 자주 관찰하고 대화해야 한다. 상사를 주의 깊게 살펴보며 시간이 날 때마다 이야기를 나눠라. 직속 상사뿐 아니라 그에게 지시를 내리는 차상위 상사도 관찰하라. 상사의 지시 중 상당수는 자신의 관심사에서 나온다. 평소 그가 어떤 분야에 관심이 있는지, 누굴 만나고 무슨 일을 하는지 유심히 살펴볼 필요가 있다. 상사를 관찰하면서 실무자 입장에서 자신의 업무를 상사의 관점에 튜닝하면 상대적으로 수월하게 업무를 진행할 수 있다.

그러려면 상사를 자주 만나야 한다. 직장인에게 상사는 원수나 다름없으며 영원한 술안주이기도 하지만, '눈에서 멀어지면 마음마저 멀어지는 법'이다. 마음이 멀어진 사람과 소통이 제대로 이뤄질 리 없다. 특히 내가 생각하는 것이 상사의 의견과 상반될 때, 평소 대화가 부족한 사이에서는 이해보다는 오해가 쌓일 가능성이 크다. 상사의 입장에서는 '어? 이놈 봐라. 괘씸한걸'이라고 생각할 수 있고 실무자는 '아, 이 꼰대. 또 시작이네'라고 받아들일 수 있다. 그러므로 평소 대화를 나누는 것이 무엇보다 중요하다. 싫어도 해야 한다.

직장 생활을 수월하게 하기 위해, 성공하기 위해서라 생각하고 싫어도 하루 세 번 공복에 상사와 대화를 나누는 습관을 들여라. 그러다 보면 언젠가는 '개떡같이 말해도 찰떡같이 알아듣는' 날이 올 것이다. 그리고 이는 기획자로서의 역량을 한 단계 업그레이드하는 기점이 된다.

진짜 문제를 찾는 게
9할이다

상사의 의도를 잘못 이해하거나 제대로 이해하지 못한 채 일을 시작하게 되면 전체적인 후속 과정이 잘못된 방향으로 흘러갈 수 있고 엉뚱한 결과를 낼 수 있다. 그런데 상사의 의도를 정확히 파악했다고 해도 길을 잃고 헤맬 수 있는 함정이 또 하나 있다. 이 역시 기획 업무의 초기 단계에서 벌어질 수 있는 일인데 바로 문제를 잘못 정의하는 것이다.

　뒤에서 더 자세히 설명하겠지만 기획이란 실질적인 문제에 대해 기존과 다른 새로운 접근법을 제시하는 것이다. 여기서 핵심은 실질적인 문제가 무엇인지를 찾아내는 데 있다. 아무리 차별화되고 혁신적인 아이디어라고 해도 본질적인 문제가 아니라면 그 효과가 미미할 수밖에 없다. 내 다리가 가려운데 옆 사람 다리를 긁는다고 해서 내 다리가 시원해지지는 않는다. 따라서 문제를 올바르게 정의하는 것이 제일 먼저 해야 할 일이다.

회의가 가진 진짜 문제는 뭘까?

문제를 잘못 정의해서 엉뚱한 해결책을 제시하는 대표적인 예로 기업의 회의 문화를 들 수 있다. 직장인이라면 누구나 공감하겠지만 회의가 도가 지나칠 정도로 많다. 오죽하면 회의 때문에 일을 할 수 없다는 말까지 나올 정도다. 특히 직급이 올라가면 올라갈수록 회의가 많아진다.

2017년 한 조사에 따르면 직장인은 일주일에 평균 2.2회 회의에 참석한다. 그리고 회의를 시간 낭비라고 생각하는 경우는 73.4퍼센트였다. 그 이유는 회의를 해서 결과를 도출해도 상사의 말 한마디면 모든 것이 뒤바뀌거나 회의를 해도 달라지는 게 없거나 별로 중요하지도 않은 근황 등의 잡담을 나누느라 시간을 보내기 때문인 것으로 나타났다. 또한 사전 정보나 논의 사항에 대한 이해 없이 회의에 참석하게 돼서, 마땅한 안건 없이 그저 보여주기 식 회의라서 등이 회의를 회의적으로 바라보는 원인이었다.

이렇다 보니 일부 기업에서는 회의에 문제가 있다는 것을 인식하고 개선하려는 노력이 뒤따르고 있다. 찜질방 회의나 맥주 회의 등 일상을 벗어난 파격적인 시도는 물론 탁자와 의자를 없애고 서서 하는 스탠딩 회의, 작은 종을 가져다놓고 무조건 정해진 시간이 지나면 종을 쳐서 시간이 됐음을 알리는 회의, 한 번에 하나의 안건만 한 시간 이

내로 끝내자는 111 회의까지 다양한 형태의 시도들이 이뤄지고 있다. 그런데 이런 시도들이 정말 효과를 내고 있을까?

왜 이런 일이 벌어질까? 왜 똑똑한 사람들이 모여 영양가 없는 대안을 제시하는 걸까? 왜 회의 문화를 개선해야 한다고 여기면서도 늘 제시된 대안들은 시간이 지나면서 흐지부지 없었던 일이 되고 마는 걸까? 이유는 문제 정의가 잘못되었기 때문이다. 대안으로 제시된 회의 방식들에 숨어 있는 가정을 생각해보자. 찜질방 회의나 맥주 회의는 권위적인 분위기의 회의로 보이지 않도록 장소만 바꾼 것이다. 스탠딩 회의나 종 치기 회의는 회의 시간이 불필요하게 길기 때문에 짧게 끝내도록, 111 회의는 여러 가지 안건을 동시에 해결하려고 무리하기 때문에 단순하게 만든 것이다.

그런데 정말 회의의 문제가 그런 것들일까? 회의가 잦거나 회의 시간이 길거나 회의가 한두 사람에 의해 좌우되는 게 문제가 아니다. 보다 근본적인 문제점은 회의를 할 줄 모른다는 것이다. 회의는 특정 사안에 대해 관련된 사람들의 의견을 폭넓게 수렴하고 그것으로부터 결론을 도출하기 위해 모이는 자리다. 집단사고가 아니라 집단지성을 활용하고 구성원들에게 자율과 참여를 강조하기 위한 것이다. 그런데 지금 우리의 회의는 의사결정에 필요한 사람들이 모여 해결책 위주로 토론이 이뤄지지 않고 있다. 이것이 문제다.

문제를 그렇게 정의하고 들어가면 문제점들이 달라 보인다. 즉 회의에 참석하는 사람들이 의사결정에 필요한 이들이 아닌 경우가 많고,

의사결정을 위해 할애할 수 있는 시간이 턱없이 부족하다. 이 문제를 해결하려면 회의의 방식이 바뀌어야 한다. 모든 회의는 사전에 안건과 의사결정 사항이 명확히 정해져 있어야 한다. 참석자들은 회의에 앞서 안건과 관련된 배경을 파악해야 하며 의사결정 사항에 대한 명확한 의견을 갖고 회의에 참여해야 한다. 회의에서는 어떤 배경 설명도 필요 없이 논의 안건에 대해서만 토론이 이뤄져야 한다. 회의에 참석하는 사람들도 문제 해결에 반드시 필요한 사람들로 제한돼야 한다. 많으면 많을수록 좋다는 인식을 버려야 한다.

그렇게 회의 방식이 달라지면 사람들은 사전에 회의 준비를 하게 되고, 이렇게 준비된 안건과 의사결정 사항 위주로 회의가 진행될 수 있다. 회의에 참석해서야 따끈따끈하게 복사된 자료를 보며 '굳이 내가 이 회의에 참석해야 하나?'라는 의문을 갖는다면 회의 문화는 달라지지 않는다. 이처럼 문제를 어떻게 정의하느냐에 따라 문제 해결 방향과 방법이 달라질 수 있다.

문제? 과제? 프로젝트?

자, 다음과 같은 상황을 가정해보자. 매출 목표가 1,000억 원인데 실제 매출이 800억 원이라면 200억 원만큼 차질이 생긴다. 문제가

생긴 것이다. 하지만 이는 표면상으로 드러난 현상일 뿐 실질적인 문제가 아닐 수도 있다. 매출이 줄어드는 게 문제가 아니라 회사의 이미지가 나빠지고 있다거나 기술적 또는 환경적 변화로 회사의 제품이나 서비스를 이용하는 소비자가 크게 줄었을 수 있다.

여기서 '문제'란 무엇일까? 우리는 흔히 문제, 문제점, 과제, 프로젝트, 태스크task라는 말을 쓰지만 그것들이 정확히 의미하는 바는 모르는 경우가 많다. 문제란 현재의 상태가 달성하고자 하는 목표 상태에 이르지 못해 차이가 생긴 것을 말한다. 예를 들어 매출을 1,000억 원 해야 하는데 800억 원이 예상된다면 200억 원만큼 차이가 생기고 이것이 문제가 된다. 건강을 위해 몸무게를 60킬로그램으로 유지해야 하는데 70킬로그램이 되어 10킬로그램이 초과되었거나 노후를 대비해 매년 1,000만 원씩 저축을 해야 하는데 500만 원밖에 모으지 못했다면 목표와 현재 상태 사이에 차이가 나서 문제가 발생한 것이다.

그렇다면 문제점은 무엇이고 과제는 무엇일까? 문제점은 문제를 일으키는 원인들이다. 이 원인을 찾아 제거해야 문제를 없앨 수 있다. 하지만 문제의 원인이라고 해서 모두 제거해야 하거나 제거할 수 있는 것은 아니다. 기업의 자원은 늘 한계가 있으므로 불필요하게 노력하지 않아도 되는 것은 제거하지 않아도 된다. 또 천재지변과 같이 사람의 힘으로 어찌할 수 없는 상황은 대책을 세울 수 없다. 이런 원인들은 제외한다. 따라서 반드시 대책이 필요하거나 통제 가능해서 대책을 세울 수 있는 것이 문제점이다.

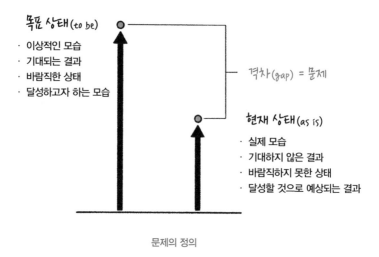

목표 상태(to be)
- 이상적인 모습
- 기대되는 결과
- 바람직한 상태
- 달성하고자 하는 모습

격차(gap) = 문제

현재 상태(as is)
- 실제 모습
- 기대하지 않은 결과
- 바람직하지 못한 상태
- 달성할 것으로 예상되는 결과

문제의 정의

매출 목표가 1,000억 원인데 실제 매출은 800억 원이 되어 200억 원만큼 차이가 발생했다면 그 원인은 여러 가지가 있을 것이다. 첫째, 상품 경쟁력이 떨어졌다. 둘째, 가격이 너무 비싸다. 셋째, 경기가 안 좋아 소비가 위축되었다. 넷째, 예상하지 못한 경쟁사가 등장했다. 다섯째, 품질에 문제가 생겨 생산이 잠시 중단되었다. 이렇게 5가지 원인이 있다고 해보자.

첫째, 상품 경쟁력이 떨어진 경우는 신상품을 개발하거나 제품의 성능을 개선하는 등 대책이 필요하므로 해결 가능하다. 둘째, 가격이 너무 비싸다면 원가절감을 통해 개선 가능하다. 셋째, 경기가 나빠 소비가 위축되었다면 이는 기업의 입장에서 대책을 세우기 어렵다. 정부가 경기를 부양하지 않으면 해결할 수 없는 문제다. 넷째, 예상치 못한 경쟁사가 등장해 시장을 잠식했다면 이후에도 그런 현상들이 발생할 수 있으므로 대책을 세우지 않으면 안 된다. 다섯째, 품질 문제로 인한 생산 차질이므로 이전과 같이 품질 수준을 높이면 해결될 수 있다.

이 원인들 중 대책을 세울 수 있는 것은 첫째, 둘째, 넷째, 다섯째다. 따라서 세 번째 원인을 제외한 나머지가 매출 미달의 문제점이 된다.

문제점을 찾았다면, 기업이 수행해야 할 과제는 무엇일까? 위에서 통제 가능한 문제점들은 매출을 목표에 이르지 못하게 만든 원인들이 므로 제거해야 한다. 하지만 사람과 기술, 비용과 노력 수준은 제한되어 있으므로 선택과 집중을 통해 시급하고 중요한 것을 먼저 해결한다. 회사의 입장에서 위 문제점들 중 가장 시급하면서도 중요한 것이 둘째, 다섯째라면 이것부터 해결해야 한다. 첫째와 넷째는 조금 더 시간을 두고 해결해야 할 문제라고 본다면 당장은 둘째, 다섯째 문제를 해결하는 데 역량을 집중한다. 이렇게 선택과 집중을 통해 우선적으로 제거하고자 하는 문제점을 프로젝트 또는 과제라고 부른다.

기획의 첫 단추는 문제 정의다

일반적으로 기획 프로세스는 다음과 같이 이뤄진다. 문제와 과제를 인식한 후 현황을 살펴보고, 문제를 일으킨 근본 원인을 찾아 대안들

을 도출해서, 그중 최적의 대안을 찾아 실행 계획을 수립하는 순이다. 이것은 일반적으로 이미 일어난 발생형 문제나 방치해두면 문제가 될 수 있는 잠재형 문제 또는 탐색형 문제를 해결할 때 접근할 수 있는 프로세스다(먼 미래를 대비하기 위한 신 성장 동력을 발굴하는 등의 설정형 문제는 이와는 다른 프로세스를 취해야 한다).

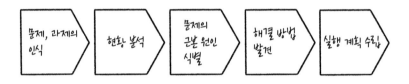

일반적인 기획 프로세스

이 프로세스를 따라 문제를 해결하려면 제일 먼저 문제를 올바르게 정의하는 것이 필요하다. 첫 단추를 잘못 꿰면 옷 전체가 비뚤어지듯 문제도 잘못 정의하면 이상한 결과를 가져온다. 기획하는 사람들은 늘 주어진 문제가 올바르게 정의되었는지부터 살펴야 한다. 그냥 상사가 던져준 일이니 상사의 말대로 행동하기보다는 보다 근본적인 관점에서 문제를 다시 정의하려고 노력해야 한다.

문제 정의를 제대로 하는 것은 한편으로 문제 해결의 '킹핀'king pin 을 찾는 것과 다를 바 없다. 주위에서 일을 잘한다고 평가받는 사람과 그렇지 못한 사람을 유심히 지켜보라. 일을 잘하는 사람은 일을 자신이 끌고 다닌다. 즉 주도적이다. 반면에 일을 못하는 사람은 일에 끌려

다닌다. 일을 끌고 다니느냐, 일에 끌려 다니느냐가 일을 잘하고 못하는 평가를 가르는데, 일을 주도적으로 이끌려면 문제 해결의 핵심인 킹핀을 찾아야 한다.

킹핀은 볼링에서 5번 핀을 가리킨다. 볼링 경기에서 점수를 가장 크게 내는 방법은 모든 핀을 쓰러뜨리는 스트라이크가 나오는 것이다. 그러려면 반드시 쓰러뜨려야만 하는 핀이 있는데 그것이 바로 5번 핀이다. 5번 핀을 쓰러뜨리지 않고서는 스트라이크가 나올 수 없다는 의미에서 '킹핀'이라는 이름이 붙었다.

업무에도 이런 킹핀이 숨어 있다. 일을 잘하는 사람들은 과제가 주어지면 킹핀부터 찾는다. 킹핀을 쓰러뜨리면 문제가 손쉽게 해결될 수 있기 때문이다. 반면에 일을 못하는 사람은 킹핀에 대한 개념도 없고 찾으려는 노력도 하지 않는다. 문제 정의를 올바르게 하면 킹핀이 눈에 보인다. 즉 문제 정의를 잘하는 것만으로도 문제의 핵심이 무엇이고 무엇을 해결해야 술술 풀려나갈지를 알 수 있다.

문제 정의가 잘못되면 킹핀을 찾을 수 없다. 힘은 힘대로 들고 문제는 문제대로 해결되지 않는다. 보고를 받는 상사가 "이게 맞아?"라거나 "정말 이렇게 하면 되겠어?"라고 질문한다는 건 실무자가 생각한 대안으로는 문제를 해결할 수 없다는 의미다. 즉 문제 정의가 제대로 이뤄지지 않았기에 킹핀을 찾지 못했다는 뜻이다.

진짜 문제를 발견하는 디자인 씽킹의 힘

그렇다면 문제를 올바르게 정의할 수 있는 방법이 있을까? 요즘 기업에서 화두가 되고 있는 디자인 씽킹Design Thinking이 그 방법 중 하나다. 그런데 디자인 씽킹이라는 말이 조금은 낯설다. 굳이 해석하자면 '디자인 사고'인데 그 의미가 무엇인지 단번에 와 닿지 않는다. 쉽게 설명하자면 외식사업가이자 요리연구가인 백종원이 등장하는 TV 프로그램 〈골목식당〉에 힌트가 있다.

〈골목식당〉에서 백종원이 자주 하는 행동이 3가지 있다. 우선 그는 맛을 평가하고 주방의 위생 상태를 살펴보기에 앞서 상황실에서 문제의 음식점이 조리하는 과정이나 손님 응대, 서비스하는 모습을 주의 깊게 지켜본다. 이후 음식점으로 가서 음식의 맛을 본다. 그 과정이 끝나면 음식점의 사장님과 대화를 나누며 궁금한 사항을 물어보고 답변을 듣는다. 이런 과정을 거치고 나면 "이 식당의 문제는…." 하면서 문제를 정의한다.

자, 백종원이 식당의 문제를 정의하기 전에 보이는 3가지 행동은 무엇일까? 첫 번째는 관찰, 두 번째는 경험, 세 번째는 인터뷰다.

디자인 씽킹은 제품 디자이너들이 일하는 방식을 차용한 것으로, 문제 정의를 중요시하는 프로세스다. 그들은 디자인을 하기에 앞서 항상 고객이 제품을 사용하는 장면을 주의 깊게 살펴보고 무엇이 불편한지,

어떤 점이 개선되었으면 하는지 질의응답을 통해 방향을 설정한다. 그리고 직접 제품을 사용하면서 불편한 점과 개선점을 찾으려고 한다. 그들이 이렇게 하는 이유는 관념적으로 책상 앞에 앉아 생각만 해서는 실질적으로 고객들이 불편해하는 문제를 찾을 수 없기 때문이다. 답은 항상 현장에 있다는 말처럼 소비자들이 제품을 사용하는 장면을 직접 보고 경험해야만 문제를 찾을 수 있다.

지금은 찾아볼 수 없지만 예전의 배불뚝이 CRT 모니터를 쓸 때 있었던 일이다. 디자이너들이 보니 움직이기도 힘든 무거운 모니터를 붙잡고 이리 돌리고 저리 돌리며 씨름하는 사람들이 많았다. 모니터의 화면이 작업자의 눈높이와 맞지 않아 가장 잘 보이는 높이로 고정하고 싶은데 좌우로 움직이지도 않고 상하로 움직이지도 않으니 꽤나 불편했던 것이다. 이 모습을 본 디자이너는 문제를 해결하기 위해 모니터와 받침대 사이에 핸드볼만 한 둥근 구슬을 끼워 넣어 상하좌우 어디든 원하는 방향으로 손쉽게 움직일 수 있도록 했다. 현장에 가보지 않으면 결코 발견할 수 없는 문제였던 것이다.

상황에 공감해야 진짜 문제가 보인다

이렇듯 현장에서 고객의 행동을 관찰하고, 고객의 입장이 되어 제품

과 서비스를 경험해보고, 고객과 이야기를 주고받는 과정에서 실질적인 문제를 도출해내는 것이 디자인 씽킹의 첫 단계다. 이를 '공감' 단계라고 한다. 일반적으로 기획 프로세스는 문제를 찾아내는 것부터 시작하지만 디자인 씽킹은 문제를 찾아내기 위해 고객의 입장에서 공감하는 단계를 거친다.

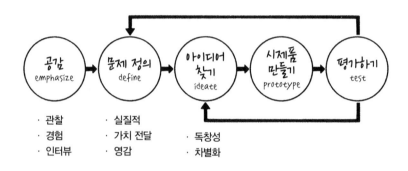

디자인 씽킹의 프로세스

SK텔레콤은 외부 업체에 맡겼던 T맵 택시 개발 업무를 직접 개발로 전환하면서 디자인 씽킹 개념을 도입했다. 그 이유는 '국민 내비'로 불리는 T맵에 호출 서비스를 추가하면 택시 기사들도 많이 사용할 것이라고 단순하게 생각한 것이 실패로 이어졌기 때문이다. 예상과 달리 택시 기사들은 T맵 택시를 외면하기 시작했고 개발을 책임지고 있던 Y 상무는 한 가지 아이디어를 냈다. 시내 모 택시 업체와 계약을 맺고 직접 택시 기사가 되어 운전대를 잡아본 것이다. 현장에서 직접 경험하고 관찰하며 인터뷰를 해야만 문제를 제대로 정의할 수 있을 것이란 생각에서였다.

직접 택시를 운전하며 T맵 택시를 사용해본 Y 상무는 기사의 입장에서 카카오T의 문제점을 확실하게 파악할 수 있었으며 T맵 택시를 어떻게 보완해야 하는지 알게 되었다. 만일 현장으로 나서지 않고 안일하게 책상에서만 문제를 해결하려고 했다면 개선은 이뤄지지 않았을 것이다.

이렇게 관찰과 경험, 인터뷰를 통해 기획자가 아닌 고객의 입장에서 충분히 공감한 이후에만 문제를 올바르게 정의할 수 있다. 만일 백종원이 관찰을 하지 않거나 경험, 인터뷰 없이 '이 식당은 이렇게 해야 한다'며 문제를 해결하려고 한다면 제대로 된 솔루션이 나올 수 있을까? 식당의 사장님들은 그가 제시하는 솔루션을 기꺼이 받아들이려고 할까? 백종원은 현장에 답이 있다는 것을 수많은 경험을 통해 알고 있었던 것이다.

기획자들은 책상 앞에만 앉아 있어서는 안 된다. 정말 좋은 기획은 문제가 있는 현장을 돌며 고객의 입장이 되어 문제를 올바르게 정의한 후 해결책을 찾는 것이다. 책상 앞에만 앉아 누구도 공감할 수 없는 문제를 정의하고 해결책을 도출하면 현장에 있는 사람들은 이렇게 말한다. "쥐뿔도 모르는 것이 책상 앞에 앉아서 엉뚱한 짓만 하고 있네." 혹시 많이 들어보지 않았는가?

제대로 문제를 찾으면 답은 쉽다

고객의 입장이 되어 충분히 공감했다면 드디어 문제를 정의하는 단계로 넘어간다. 문제를 정의할 때도 주의해야 할 사항이 있다. 문제가 개념적이거나 관념적인 것이 아니라 피부에 와 닿는 현실적인 것, 영감을 떠올릴 수 있는 것이어야 한다는 점이다. 그리고 문제를 해결했을 때 분명히 가치가 올라갈 수 있어야 한다.

예를 들어 한 기차역 플랫폼에 자판기 한 대가 놓여 있었다. 그런데 자판기의 매출이 좀처럼 늘지 않았다. 자판기 주인은 온갖 방법을 시도해봐도 매출이 꼼짝하지 않자, 직접 플랫폼으로 나갔다. 그리고 자판기를 이용하는 사람들을 관찰하고 그들과 이야기를 나눴다. 그 결과 자판기 주인은 사람들이 자판기를 이용하고 싶어도 그사이에 타야 할 기차가 들어오면 기차를 놓칠까 봐 걱정되어 이용하지 못했다는 사실을 알아냈다. 사람들은 종종 자판기 앞에 섰다가도 다시 돌아가곤 했던 것이다.

문제는 '사람들이 자판기를 이용하지 않는 것'이 아니라 '자판기를 이용하는 동안 기차가 도착할 수 있고 기차를 놓칠까 봐 불안했던 것'이다. 그렇다면 어떻게 해결해야 할까? 사람들의 불안을 덜어줄 수 있는 쪽으로 방향을 잡아야 한다. 실제로 그 자판기 주인은 자판기 위에 기차가 도착하기까지 남은 시간을 보여주는 것으로 문제를 해결했다.

기차가 도착할 때까지 충분히 여유가 있다는 걸 안 사람들은 느긋한 마음으로 자판기를 이용하게 되었다.

남은 것은 문제 테스트다

문제를 올바르게 정의했다면 그다음은 문제를 해결할 대안을 도출하고 시제품을 만들어 평가해본다. 이때 해결책은 독창적이고 차별화된 것이어야 한다. 그래야만 가치를 창출할 수 있다. 한 예로 〈골목식당〉의 '마포 소담길' 편에서 백종원과 가게 사장은 김치찌개를 차별화하기 위해 돼지고기를 생으로 넣지 않고 튀겨 넣는 아이디어를 냈다. 처음 들었을 때는 말도 안 되는 것 같았지만 직접 만들어서 시식해보니 오히려 국물 맛이 더 진했다. 그리고 찌개가 다 끓지 않아도 고기를 먹을 수 있다는 장점이 있어 호평을 받았다.

이처럼 해결책은 독특해야 한다. 그런 아이디어들이 당시에는 말도 안 되는 것처럼 취급받을 수 있지만 이 세상에 존재하는 모든 획기적인 아이디어는 처음에는 무시당했다는 사실을 명심할 필요가 있다.

디자인 씽킹의 또 다른 특징은 해결책을 제시한 후 바로 시제품을 만들어보는 것이다. 이는 아마도 디자인이라는 업무의 특성에서 기인했을 것이다. 손쉽게 시제품을 만들어볼 수 있으니 말이다. 도출된 아이디어에 대해 바로 시제품을 만들어보고 평가를 해보면 문제를 잘못 정의했는지, 아니면 문제 정의는 잘 되었지만 해결책이 잘못됐는지 알 수 있다.

어떤 회사의 제품이나 서비스는 프로토타입을 만들기 어렵다. 수억 원에서 수십억 원씩 들어가는 반도체 장비나 새로운 핀테크 서비스 같은 것들이 그렇다. 하지만 이런 경우에도 시제품을 만들어볼 수 있는 방법은 있다. 시뮬레이션을 해보거나 디지털 트윈digital twin 등의 기술을 이용하는 것이다.

디지털 트윈이란 실물과 똑같은 장비를 디지털로 구현한 후 실제 상황에서 발생하는 모든 빅데이터를 시뮬레이션 장비로 보낸다. 그러면 빅데이터로 시뮬레이션을 한 후 보정된 작동 방법을 실제 장비로 전송하는 것이다. 풍력발전 설비 같은 것도 이런 기법을 이용하면 테스트할 수 있다. 물론 시뮬레이션 기법이 뛰어나고 디지털 트윈과 같은 기술이 등장했다고 해서 모든 아이디어를 시제품으로 만들어볼 수 있는 것은 아니다. 불가능한 상황도 물론 있다. 그러나 중요한 점은 올바르게 정의된 문제에 대해 차별화된 해결책을 찾아내고 그것을 실현하려는 고민이 필요하다는 것이다.

문제 정의는 문제 해결의 첫걸음이다. 문제를 어떻게 정의하느냐에 따라 이후 나아가야 할 방향이 완전히 달라질 수 있다. 무턱대고 지시받은 과제에 달려들기보다는 조금 멀리 떨어져서 문제를 바라보는 시간을 가져야 한다.

어떤 실험에서 피험자들을 두 그룹으로 나눈 후 해결해야 할 과제를 주었다. 두 그룹 모두 한 시간이라는 시간이 주어졌는데 한 그룹은 문제를 정의하는 데 더 많은 시간을 쓰도록 했고, 다른 한 그룹은 문제를 해결하는 데 더 많은 시간을 쓰도록 했다. 한 시간 후 두 그룹을 비교해보니 문제를 정의하는 데 시간을 더 쓴 그룹의 결과물이 그렇지 않은 그룹의 결과물에 비해 월등했다.

아인슈타인은 자신에게 문제 해결을 위해 한 시간이 주어진다면 문제가 무엇인지 정의하는 데 59분의 시간을 쓰고, 해결책을 찾는 데 나머지 1분을 쓰겠다고 했다. 즉 문제가 올바로 정의되기만 하면 해결은 그만큼 쉬워질 수 있다는 이야기다. 무턱대고 문제의 해결책부터 찾으려 하지 말고 문제가 무엇인지 제대로 정의하려는 노력부터 선행되어야 한다.

기획은
결론으로 말한다

지시한 업무 결과를 보고받는 상사의 입장에서 가장 궁금한 건 무엇일까? 아마도 보고의 결론일 것이다. 혹시 프레젠테이션이나 구두 보고 자리에서 준비해간 보고서의 맨 뒷장부터 살펴보는 상사의 모습을 본 적이 있는가? 보고를 받는 사람은 늘 결론을 궁금해한다. 제일 먼저 듣고 싶은 내용도 과제의 추진 배경이나 현황, 추진 경과 등이 아니라 결론이다. 열일 제쳐두고 결론부터 보고 싶다. 이를 뒤집어 생각하면 결론이 없거나 결론이 명확하지 않은 보고서를 가장 갑갑하게 여긴다는 말이기도 하다.

　결론이 명확하지 않으면 보고받는 사람의 입장에서는 고구마를 100개쯤 먹은 것처럼 가슴이 답답하다. 모 기업의 팀장들을 대상으로 조사한 결과에서도 보고자의 의도나 생각이 담겨 있지 않거나 결론이 명확하지 않은 보고서를 가장 불편하게 여기는 것으로 나타났다. 그렇기 때문에 기획자는 무엇보다 뚜렷하고 명확한 결론을 도출하는 데 힘을 쏟아야 한다. 이번 챕터에서는 보고서의 결론과 관련된 이야기들을 해볼까 한다.

기획자의 생각을 정리하는 피라미드 구조

제일 먼저 이야기할 것은 피라미드 구조다. 피라미드 구조는 기획자의 생각을 사람들에게 논리적으로 전달하는 방법의 하나로, 본래 내용은 여기서 설명하는 것보다 더 깊이 있다. 하지만 여기서는 좀 더 이해하기 쉽게 축약하고 약간 변형해서 설명하고자 한다.

앞서 언급했던 엘리자베스 뉴턴의 실험을 떠올려보자. 책상을 두드려 상대방에게 노래를 전달하는 사람의 머릿속에는 이미 노래의 가사와 멜로디가 자리 잡고 있다. 그래서 책상을 두드리는 동안 머릿속에서 그 곡의 멜로디가 자연스럽게 흘러간다. 하지만 그 곡이 어떤 곡인지 모르는 상대방의 머릿속에는 책상 두드리는 소리만 들릴 뿐 곡의 멜로디가 들리지 않는다. 만일 사전에 어떤 곡을 두드리겠다고 알려준다면 그의 머릿속에서도 동일한 멜로디가 재생될 것이다. 이는 소통에서 중요한 메시지를 알려준다.

일반적으로 문서를 작성하는 사람은 그 내용이나 논리 구조가 머릿속에 체계적으로 정리돼 있다. 자신만의 논리 프레임이 만들어지는 것이다. 하지만 문서를 받아 보는 사람의 입장은 그렇지 않다. 작성자가 의도했던 논리의 프레임은 보이지 않고 흰 종이에 검은 글씨만 보일 뿐이다. 엘리자베스 뉴턴의 실험처럼 보고 내용이 그저 책상 두드리는 둔탁한 음으로만 느껴지는 것이다. 이때 사전에 어떤 곡을 두드리겠다고 이야기하면 상대방의 머릿속에 해당 노래의 멜로디가 떠오르는 것처럼, 어떤 보고를 하겠다고 상대방에게 처음부터 알려주면 손쉽게 내용을 이해할 수 있다.

　이런 목적으로 활용하는 것이 피라미드 구조다. 즉 보고를 받는 상대방의 이해력을 높이기 위해 자신이 무엇을 말하고자 하는지, 그 내용은 어떻게 그룹핑되었는지 등 전체 구조를 알려주는 것이다. 내 머릿속에 있는 논리 구조를 보고받는 사람의 머릿속에 심어주는 것이라 할 수 있다.

　피라미드 구조는 주어진 과제에 대해 기획자가 생각하는 결론이나 주장을 먼저 제시한 후 결론이 나오게 된 근거, 그 근거를 도출하게 된 요지 등을 전달하는 형태로 되어 있다. 정리하면 과제→결론→결론의 근거→근거의 요지 순으로 이야기를 전달한다. 형식이 아래로 내려갈수록 넓게, 마치 피라미드처럼 퍼진다고 해서 피라미드 구조라는 이름이 붙었다.

핵심에 집중하게 만드는 힘

피라미드 구조의 가장 큰 장점은 주어진 과제에 대해 기획자가 생각하는 결론과 근거들을 논리적 관계를 고려하여 한 장으로 압축해서 전달할 수 있다는 것이다. 특히 보고받는 사람의 입장에서 가장 궁금해하는 사항인 결론부터 제시함으로써 궁금증을 해결한다. 과제의 배경이나 목적, 현상, 추진 경과, 분석 내용의 전통적인 순서대로 보고를 하다 보면 보고를 받는 사람의 입장에서는 도대체 결론이 무엇인지 답답하지 않을 수 없다. 피라미드 구조는 결론부터 제시하므로 그런 측면에서 빠르게 궁금증을 해결해준다. 보고받는 사람이 가장 가려워하는 부분을 가장 먼저 긁어주는 효과가 있는 것이다.

또한 피라미드 구조는 보고에서 가장 중요한 요소, 즉 결론에 대한 토론에 집중할 수 있게 해준다. 한국 기업의 가장 큰 문제 중 하나는 회의 때문에 일할 시간이 부족하다는 것이다. 나도 직장에 다닐 때를 돌아보면, 어떤 날은 하루 종일 회의만 하느라 아무 일도 못 했던 기억이 있다.

이렇게 회의가 많은 이유 중 하나는 회의 자료가 구성되는 방식 때문이기도 하다. 앞서 언급한 것처럼 전통적인 회의 자료나 보고서는 배경, 목적, 추진 현황, 경과 등을 거쳐 다양한 분석과 조사 내용을 다루고 맨 마지막에 가서야 결론이 등장한다. 보고하는 사람은 처음부터 모든 내용을 빼놓지 않고 자세히 설명하려고 하고, 보고받는 사람도 그냥 듣고만 있지 않는다. 이것저것 참견하다 보면 결론이 나오기도 전에 예정된 회의 시간이 훌쩍 지나버리고 만다. 결론은 들어보지도 못했으니 회의 시간이 더 늘어지거나 또다시 회의를 잡을 수밖에 없다.

몇 해 전 모 그룹의 직원들을 대상으로 문서 작성 과정을 개발해서 10회가 넘게 강의를 한 적이 있었다. 이 그룹에서 그런 대규모 교육을 기획한 이유도 바로 그 때문이었다. 회의 시간의 대부분이 결론을 도출하기 위한 과정 설명에 들어가다 보니 정작 중요한 결론을 다룰 시간이 부족했고, 결국 회의가 업무를 지배하게 된 상황이었다. 이를 개선하기 위해 모든 보고서를 파워포인트가 아닌 워드로 간단하게 작성하고 가급적 한 장으로 압축하라는 지시가 떨어졌던 것이다.

그러나 보고서를 피라미드 구조로 작성하는 것처럼 회의에서도 결론부터 이야기한다면 이야기가 달라진다. 만일 기획자가 생각하는 결론과 보고를 받는 사람이 생각하는 결론이 같다면 그 근거들에 대한 설명은 상대적으로 수월해질 수 있고 결론에 대한 논란의 소지도 적을 수 있다. 보고 시간이 짧아지는 건 두말할 필요도 없다. 기획자가 생각하는 결론과 보고를 받는 사람이 생각하는 결론이 다를 경우에도 상호 토론에 시간을 할애할 수 있으므로 불필요하게 시간만 잡아먹는 회의보단 훨씬 효율적이다. 핵심에 집중할 수 있게 해주는 것, 이것이 바로 피라미드 구조의 장점이다.

"왜?"에 답하는 가로·세로의 법칙

피라미드 구조에는 2가지 법칙이 있다. 하나는 세로의 법칙이고 또하나는 가로의 법칙이다. 말만 법칙이라는 거창한 이름이 붙었을 뿐, 실제 내용은 법칙이라고 할 수 없을 정도로 간단하다. 먼저 세로의 법칙부터 살펴보자.

"팀장님, 지난번 지시하신 과제에 대해 제 결론은 이렇습니다." 이렇게 말하면 팀장은 뭐라고 할까? 열이면 열 "왜?"라고 되물을 것이다. 그러면 기획자는 다시 "A와 B와 C 때문에 그렇습니다." 하고 근거를 말하면 된다. 그런데 팀장이 다시 묻는다. "A는 왜 그렇지?" 이 질문에 기획자는 다시 "a1과 a2, a3 때문에 그렇습니다." 하고 대답하면된다. 즉 위에서 아래로 내려올 때는 'Why so?'(왜 그렇지?)에 대한 답변이 되어야 한다.

하지만 대체로 실무자들은 현상이나 원인 등의 데이터부터 수집하고 그것을 거꾸로 정리해 결론을 이끌어낸다. 가령 오른쪽 그림과 같이 a1부터 c3까지 8개의 데이터를 수집했다고 해보자. 제일 먼저 실무자는 유사한 관계를 가지는 데이터들을 그룹핑할 것이다. 그 결과 '그래서 …라고 할 수 있다'는 메시지를 끌어낼 수 있는데 이것이 A와 B와 C가 된다. 다시 A와 B와 C를 모아보니 '그래서 …라는 결론을 이끌어낼 수 있다'가 된다. 즉 아래에서 위로 올라갈 때는 'So what?'(그래서?)에 대한 대답이 되어야 한다.

위에서 아래로 내려오면서는 'why so?'에 대한 대답이 되어야 하고 밑에서 위로 올라갈 때는 'so what?'에 대한 답이 되어야 한다. 이것이 세로의 법칙이다. 생각해보면 법칙이라고 할 것도 없이 아주 당연한 얘기다.

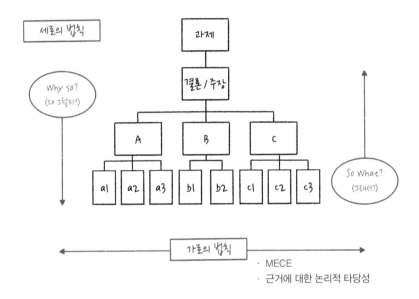

피라미드 구조의 2가지 법칙

가로의 법칙은 2가지다. 일단 가로열의 같은 레벨에 있는 요소들 간에는 MECE 원칙이 적용돼야 한다. MECE는 'Mutually Exclusive,

Collectively Exhaustive'(중복 없이, 누락 없이)의 머리글자로 a1, a2, a3은 서로 중복되는 것이 없어야 하며 모두 합쳤을 때 A가 되어야 한다는 것이다. 그리고 A, B, C 역시 중복되거나 누락돼서는 안 된다. A, B, C만으로 충분히 결론이 도출되어야 한다. 이렇듯 중복되거나 누락돼서는 안 된다는 것이 MECE이며 이는 모든 사고의 기본이다. 이에 대해서는 나중에 논리적 사고를 다루는 부분에서 좀 더 자세히 이야기하도록 하겠다.

가로의 법칙 두 번째는 같은 레벨에 있는 항목들 간에는 논리적 추론 관계가 타당하게 형성돼야 한다는 것이다. 즉 a1, a2, a3은 연역적이거나 귀납적으로 A라는 결론을 도출하는 데 무리가 없어야 하며, 다시 A, B, C는 연역적이거나 귀납적으로 결론을 도출하는 데 무리가 없어야 한다. 논리적으로 타당해서 결론이 자연스럽게 드러날 수 있는 구조가 되어야 한다는 것이 가로의 법칙이다.

한눈에 결론을 보여주는 2가지 방식

이런 피라미드 구조에는 2가지 형식이 있다. 하나는 해설형 구조이고 다른 하나는 열거형 또는 병렬형 구조다. 논리적 타당성을 어떻게 끌어내느냐에 따라 2가지 형태로 나뉘는 것이다. 해설형 구조는 어떻

게 해서 결론이 도출됐는지를 설명하는 방식으로서 연역적 추론이라고 할 수 있다. 열거형 구조는 해설형 구조에 비해 조금 더 어려운데, 결론을 도출하게 된 이유나 결론을 실현할 수 있는 방법을 강조하는 방식이다. 귀납적인 추론이라고 할 수 있다. 유추의 과정이 들어가야 하기 때문에 해설형 구조에 비해 상대적으로 어렵게 여겨질 수 있다.

다음 그림은 해설형 피라미드 구조와 열거형 피라미드 구조를 도식화한 것이다.

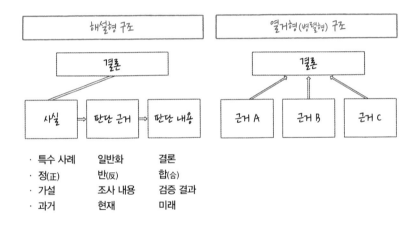

해설형·열거형 피라미드 구조

유럽과 미국 시장을 상대로 한국 음식에 대한 신규 고객을 늘리는 프로젝트를 펼친다고 가정했을 때, 먼저 해설형 피라미드 구조로 결론을 도출한 예를 들어보면 다음과 같다.

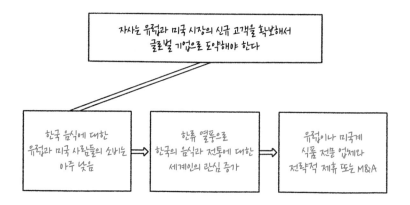

유럽과 미국의 신규 고객을 확보해서 글로벌 기업으로 도약해야 한다는 결론을 뒷받침하기 위해 '한국 음식에 대한 유럽과 미국의 소비는 아주 낮음'(사실) → '한류 열풍으로 한국의 음식과 전통에 대한 세계인의 관심 증가'(판단 근거) → '유럽과 미국계 식품 전문 업체와 전략적 제휴 또는 M&A'(판단 내용)의 순으로 논리를 전개하고 있다.

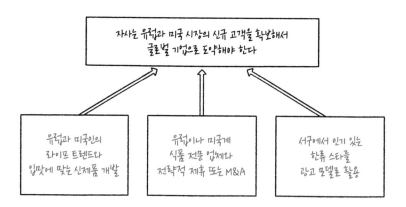

앞의 사례는 열거형 논리 구조의 사례다. 열거형 구조는 해설형 구조와 동일한 결론에 대해 사실이나 판단 근거, 판단 내용을 제시하기보다는 결론에 도달할 수 있는 방법을 설명하고 있다. 위의 사례에서 신제품 개발이나 전략적 제휴 혹은 M&A, 한류 스타의 활용 등은 글로벌 기업으로 도약하기 위한 방법이다.

이렇듯 피라미드 구조를 활용하면 기획자의 머릿속에 있는 결론과 결론을 도출하게 된 논리적 근거들이 일목요연하게 정리된다. 이 한 장만 보면 보고를 받는 사람도 결론과 전체적인 논리 구조가 한눈에 들어와 이해가 빠르다. 동요 전달 게임에서 곡의 제목을 알고 듣는 것처럼 보고자와 보고받는 사람 간의 소통이 원활해지는 것이다.

피라미드 구조로 결론을 찾는 법

- - - - - -

그렇다면 이제 피라미드 구조를 이용해 결론을 도출하는 과정을 사례를 통해 살펴보자. A마트 X지점의 직원이 되었다고 가정해보자. X지점에는 2주 전 새로 지점장이 부임해왔다. 새 지점장은 전체적인 매장 운영 상태를 파악하기 위해 '고객의 소리'VOC, Voice of Customer를 들어보고 매장 운영 상태가 어떤지 보고해달라는 지시를 내렸다. 실무자는 고객들과 인터뷰를 하고 설문을 통해 다음과 같이 15개의 데이터를 얻었다. 이 데이터를 가지고 새로 부임한 지점장에게 X지점의 현상에 대해 어떻게 보고해야 할까? 최종적으로 보고할 결론을 도출해보자. 단 개선 방향을 제시하기보다는 현재의 상태를 정확히 파악할 수 있는 결론을 도출해야 한다.

- 직원들이 친절하게 인사를 건네 기분이 좋다.
- 신선 상품의 유통기한이 짧다.
- 고객이 궁금해하는 사항에 대해 직원들이 친절하게 응대한다.
- 반품이나 환불 등의 절차가 까다롭고 시간이 오래 걸린다.
- 매장이 청결하다.
- 직원들의 유니폼이 세련되었다.
- A마트만의 차별화된 상품이 없다.
- 카트가 낡아 밀고 다니기에 불편하다.
- 상품이 품절되어 구입할 수 없는 경우가 자주 있다.
- 계산대의 줄이 길어 기다리는 시간이 길고 짜증이 난다.
- 주차장이 넓고 매장 분위기가 쾌적하다.
- 고객이 상품에 대해서 물어봐도 직원이 자신 있게 설명하지 못해 매니저를 찾는 경우가 많다.
- 품질이나 가격 측면에서 경쟁력이 없다.
- 쇼핑 중에 휴식할 수 있는 공간이 부족하다.
- 매장이 비좁아 옆 사람과 부딪히는 경우가 많다.

위 15개의 고객의 소리로부터 최종적인 결론을 도출하려면 제일 먼저 무엇부터 해야 할까? 수집한 고객의 소리를 적절한 범주로 그룹핑해야 한다. 어떻게 그룹핑해야 할까? 우선 데이터를 잘 살펴보면 잘하고 있는 것과 못하고 있는 것이 있다. 즉 강점과 약점을 구분할 필요가 있다. 강점과 약점을 구분한 뒤에는 어떻게 해야 할까?

강연장에서 실제 이 과제를 해보면 상품, 시설, 서비스 등으로 구분하는 것이 대다수다. 열에 여덟아홉은 그렇게 접근한다. 무리 없는 접근 방법이라고 할 수 있다. 하지만 그 얘기를 뒤집어보면 대다수의 사람들이 비슷한 관점으로 접근한다는 말이다. 즉 A가 하든 B가 하든 담당자가 누구인지와 상관없이 접근 방법이 동일하다는 것이고 결과적으로 차별점이 없다. 이런 경우에는 '고객 접점 이전 – 고객 접점 – 고객 접점 이후' 등 프로세스 중심으로 그룹핑을 하거나 '기본적인 인프라의 구성 – 인프라의 활용 – 인프라를 지탱하는 시스템' 등으로 그룹핑하는 것도 내용을 차별화하는 방식이 될 수 있다.

그러면 결론은 어떻게 도출해야 할까? 15개의 고객의 소리를 다시 한번 살펴보자. 긍정적인 측면의 피드백은 5개이고 부정적인 피드백은 10개다. 잘하는 것보다는 못하는 것이 더 많다. 게다가 못하는 것들을 보면 상대적으로 중요한 것과 덜 중요한 것이 있다. 본질적인 측면과 부수적인 측면이 있다는 말이다. X지점은 본질적인 측면에서 상당히 잘못하고 있는 것들이 많다. 이런 상태로 몇 년 더 시간이 지난다면 이 지점은 어떻게 될까? 어쩌면 생존 여부가 불분명할 수도 있다.

부수적인 측면이 잘못되었더라도 본질적인 측면이 잘 되어가고 있다면 개선을 할 수 있지만 본질적 측면에서 잘못하는 것은 생존을 위협한다. 어쩌면 지점은 문을 닫고 지점장은 집으로 돌아가야 할지도 모른다. 결론은 X지점이 심각한 상태에 있다는 현실적인 측면을 강조해야 한다.

우선은 15개의 데이터를 그룹핑하는 것부터 살펴보자. 여기서 보여주는 내용은 단순히 예시일 뿐 정답일 수 없다는 것을 밝히고 시작하겠다.

결론 찾기 ❶ '만족스럽다'에 해당하는 데이터 그룹핑

나는 15개의 고객의 소리를 만족스러운 것과 불만족스러운 것으로 나누었다. 만족스러운 것은 잘하는 것이니 제외하고, 못하는 것만 보고하자고 생각하면 어떻게 될까? 보고를 받는 사람의 입장에서는 '우리 지점은 잘하는 게 없나?'라는 의문을 가질 것이다. 그러므로 장점과 단점 어느 하나를 누락시키지 말고 모두 포함해서 보고해야 한다.

만족스러운 점은 사람과 관련된 요소와 기타 요소로 구분했다. '기타'라는 항목은 그룹핑을 할 때 가급적 안 쓰는 것이 좋다. 왜냐하면 '기타'라는 말이 어느 한쪽 범주에 들어갈 수 없는 데이터들을 모아둔 것 같은 느낌이 들기 때문에 분류가 애매한 데이터들은 모두 이쪽으로 들어올 수 있다. 그렇게 하면 통합된 메시지를 끌어내기가 어려워진다. 불만족스러운 점은 본질적인 요소와 부수적인 요소, 그리고 고객을 유인하기 위한 요소들로 구분했다.

이렇게 그룹핑을 해놓고 거꾸로 올라가면서 하나씩 메시지를 도출해보자. 피라미드 구조의 맨 바닥에서부터 위로 올라가는 것이라고 생각하면 된다.

먼저 긍정적인 요소들을 살펴보자.

· 직원들이 친절하게 인사를 건네 기분이 좋다.
· 고객이 궁금해하는 사항에 대해 직원들이 친절하게 응대한다.

이 2가지 사항을 묶으면 어떤 메시지를 끌어낼 수 있을까? 2가지를 요약하는 것이 아니라 이를 대변할 수 있는 메시지를 만들어내는 것이 중요하다. 직원들이 친절하다? 직원들의 서비스 정신이 좋다? 나는 '직원들의 책임의식이 높다'고 정리했다.

직원들의 책임의식이 높다	· 직원들이 친절하게 인사를 건네 기분이 좋다. · 고객이 궁금해하는 사항에 대해 직원들이 친절하게 응대한다.

고객의 소리에는 어디에도 책임의식에 대한 언급은 없지만 친절하게 인사하고 응대한다는 것은 자신이 무엇을 해야 하는지를 알고 있는 것이라 봤고 이를 책임의식이 높다고 표현한 것이다. 긍정적 요소의 두 번째 항목들은 다음과 같다.

· 매장이 청결하다.

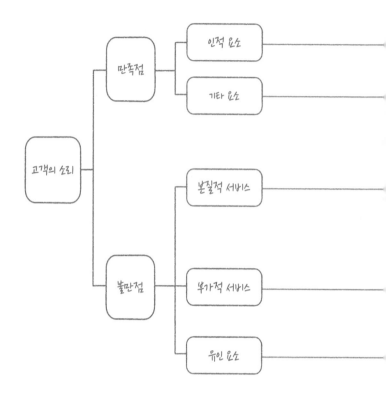

· 직원들의 유니폼이 세련되었다.

· 주차장이 넓고 매장 분위기가 쾌적하다.

이 항목들로부터는 또 어떤 메시지를 끌어내면 좋을까? '매장이 청결하고 쾌적하며 유니폼이 세련되었다'라는 항목을 묶어 메시지를 끌어내기가 그리 쉽지는 않다. 하지만 최대한 창의력을 발휘해보자. 역

- 직원들이 친절하게 인사를 건네 기분이 좋다.
- 고객이 궁금해하는 사항에 대해 직원들이 친절하게 응대한다.

- 매장이 청결하다.
- 직원들의 유니폼이 세련되었다.
- 주차장이 넓고 매장 분위기가 쾌적하다.

- 신선 상품의 유통기한이 짧다.
- A마트만의 차별화된 상품이 없다.
- 상품이 품절되어 구입할 수 없는 경우가 자주 있다.
- 고객이 상품에 대해 물어봐도 직원이 자신 있게 설명하지 못해 매니저를 찾는 경우가 많다.
- 품질이나 가격 측면에서 경쟁력이 없다.

- 카트가 낡아 밀고 다니기에 불편하다.
- 계산대의 줄이 길어 기다리는 시간이 길고 짜증이 난다.
- 반품이나 환불 등의 절차가 까다롭고 시간이 오래 걸린다.

- 쇼핑 중에 휴식할 수 있는 공간이 부족하다.
- 매장이 비좁아 옆 사람과 부딪히는 경우가 많다.

'고객의 소리'에 접수된 데이터 그룹핑 예시

시 요약하는 것이 아니라 고객의 소리를 압축한 메시지를 끌어내야 한다. 이 3가지를 압축해서 나는 '매장 관리에 대한 고객 반응이 긍정적이다'라는 메시지를 끌어냈다. 역시 '매장 관리'라는 용어는 들어 있지 않지만 고객의 소리를 분석해보면 매장 관리가 잘 이뤄지고 있다는 얘기임을 알 수 있다.

이렇게 긍정적인 고객의 소리 5개에 대해 한 단계씩 상위의 메시지를 끌어냈으므로 다시 이것들을 묶어 보다 상위의 메시지를 끌어내야 한다. 그룹핑한 긍정 평가의 메시지는 다음과 같다.

- 직원들의 책임의식이 높다.
- 매장 관리에 대한 고객 반응이 긍정적이다.

이 2가지를 묶어 메시지를 끄집어내는 것이 쉽지는 않지만 이 과정이 기획자의 생각과 의도를 반영하는 과정이다. 단순히 아래 항목을 요약하게 되면 기획자의 생각이나 의도가 들어갈 수 없지만 이를 해석하고 기획자의 용어로 바꾸면 기획자의 생각이나 의도가 반영될 수 있다.

이에 대해 나는 다음과 같은 다소 직설적인 메시지를 끌어냈다.

- 직원들의 태도와 매장 관리는 긍정적임.

긍정적인 측면들을 요약한 것이므로 지점장에게 긍정적인 측면에서는 고객들의 어떤 반응이 있었다고 알려줄 필요가 있다고 본 것이다.

결론 찾기 2 '불만족스럽다'에 해당하는 데이터 그룹핑

이제 부정적인 요소들을 살펴보자. 첫 번째로 본질적인 서비스에서는 다음과 같은 불만들이 제기되었다.

- 신선 상품의 유통기한이 짧다.

- A마트만의 차별화된 상품이 없다.

- 상품이 품절되어 구입할 수 없는 경우가 자주 있다.

- 고객이 상품에 대해서 물어봐도 직원이 자신 있게 설명하지 못해 매니저를 찾는 경우가 많다.

- 품질이나 가격 측면에서 경쟁력이 없다.

역시 5개나 되는 의견을 하나의 메시지로 축약해야 하니 쉽지 않다. 그런데 5개의 고객의 소리를 자세히 보면 본질적인 측면인 '상품과 직원 역량 측면에서 경쟁력이 떨어진다'고 말하고 있다.

부수적인 측면에서 서비스에 대한 불만 사항들은 다음과 같다.

- 카트가 낡아 밀고 다니기에 불편하다.

- 계산대의 줄이 길어 기다리는 시간이 길고 짜증이 난다.

- 반품이나 환불 등의 절차가 까다롭고 시간이 오래 걸린다.

내용을 보면 시간이 오래 걸리고 불편하다는 것이므로 이를 메시지로 묶으면 '부가 서비스의 질적 저하로 시간 소모와 불편이 따른다'고 정의할 수 있다. 그 외 불만 사항들은 다음과 같다.

- 쇼핑 중에 휴식할 수 있는 공간이 부족하다.

- 매장이 비좁아 옆 사람과 부딪히는 경우가 많다.

이 의견들은 결국 환경적인 측면의 이야기를 하고 있으므로 이를 메시지에 포함시키면 '환경적 측면에서 고객 유도 요인이 부족하다' 라고 말할 수 있다.

이렇게 해서 10개의 부정적 의견에 대해 1차로 메시지를 끌어냈다. 정리하면 다음과 같다.

- 상품과 직원 역량 측면에서 경쟁력이 떨어진다.
- 부가 서비스의 질적 저하로 시간 소모와 불편이 따른다.
- 환경적 측면에서 고객 유도 요인이 부족하다.

이제 다시 이것들을 묶어 상위 메시지를 도출한다. 본질적인 측면, 부수적인 측면, 환경적인 측면의 메시지를 모두 아우를 수 있는 결론을 어떻게 만들어내면 좋을까? 여기서 서두르면 안 된다. 여유를 갖고 3가지 범주의 의견들을 함축적으로 전달할 수 있는 메시지를 끌어내야 하며 자신의 생각과 의도를 담아야 한다. 부정적 측면의 고객의 소리에 대해 내가 도출한 메시지는 다음과 같다.

- 상품과 서비스의 질적 저하로 만족도가 낮아져 고객 이탈이 발생함.

즉 결론은 고객만족도가 낮아지고 있고, 이에 고객들이 떠나고 있다는 것이다.

결론 찾기 ❸ 두 그룹 데이터에서 결론 도출하기

이제 긍정적 측면의 메시지와 부정적 측면의 메시지를 모두 끌어냈다. 이 2가지를 아우를 수 있는 최종적인 메시지를 도출해보자. 이 메시지가 새로 부임한 지점장에게 전달되어야 하는 최종 결론이다.

- 직원들의 태도와 매장 관리는 긍정적임.
- 상품과 서비스의 질적 저하로 만족도가 낮아져 고객 이탈이 발생함.

전체적으로 보면 긍정적 측면과 부정적 측면이 섞여 있지만 긍정보다는 부정적인 반응이 더 높다. 게다가 부정적인 반응은 만족도의 저하와 고객 이탈로 이어지고 있다. 이렇게 계속 가다가는 X지점은 얼마 안 가 문을 닫을지도 모른다. 따라서 최종적인 결론은 다음과 같이 도출했다.

- 본질적인 측면의 경쟁력 저하로 장기적 관점에서의 생존이 우려됨.

이 메시지는 '이대로 계속 가면 우리 지점은 망한다'는 메시지를 다소 완곡하게 전달한 것이다. 앞서 X지점의 상태가 그리 좋지 못하고

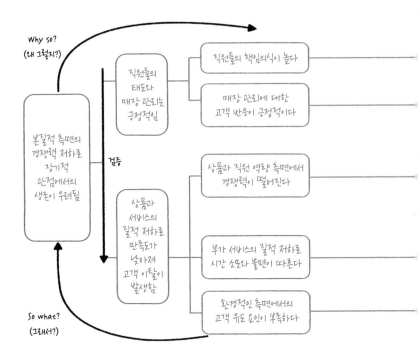

이 상태로 계속 몇 년을 지내면 생존을 보장할 수 없을 것이라고 말했다. 조금 더 직설적으로 얘기하자면 '우리 지점 5년 안에 망한다'라고 할 수 있겠지만 그런 결론은 보고하는 사람이나 듣는 사람이나 부담스럽다. 달라지지 않으면 안 된다는 경각심을 심어주면서도 감정이 상하지 않게 해야 한다. 그것을 '장기적 관점에서의 생존이 우려됨'이라는 표현으로 나타낸 것이다.

이렇게 최종적으로 결론을 도출하고 나면 세로의 법칙을 이용해 내용을 검증해보는 것이 좋다. 위에서 내려오면서 '왜 그렇지?'에 대한

- 직원들이 친절하게 인사를 건네 기분이 좋다.
- 고객이 궁금해하는 사항에 대해 직원들이 친절하게 응대한다.

- 매장이 청결하다.
- 직원들의 유니폼이 세련되었다.
- 주차장이 넓고 매장 분위기가 쾌적하다.

- 신선 상품의 유통기한이 짧다.
- A마트만의 차별화된 상품이 없다.
- 상품이 품절되어 구입할 수 없는 경우가 자주 있다.
- 고객이 상품에 대해 물어봐도 직원이 자신 있게 설명하지 못해 매니저를 찾는 경우가 많다.
- 품질이나 가격 측면에서 경쟁력이 없다.

- 카트가 낡아 밀고 다니기에 불편하다.
- 계산대의 줄이 길어 기다리는 시간이 길고 짜증이 난다.
- 반품이나 환불 등의 절차가 까다롭고 시간이 오래 걸린다.

- 쇼핑 중에 휴식할 수 있는 공간이 부족하다.
- 매장이 비좁아 옆 사람과 부딪히는 경우가 많다.

'고객의 소리'의 결론을 검증하는 세로의 법칙

답이 자연스럽게 이뤄진다면 고객 데이터로부터 '그래서?'의 질문을 던지며 이끌어낸 결론이 크게 무리 없다고 볼 수 있다.

결론 찾기 ❹ 결론을 되짚어 검증하기

지금까지 우리는 A마트의 X지점에 대해 다음과 같은 결론을 도출했다.

X지점은 본질적인 측면에서의 경쟁력이 약화되어 고객만족도가 낮아지고 있고,

이에 고객 이탈이 일어나므로 장기적으로 생존이 어려울 수 있다.

이 과제를 강의실에서 해보면 가장 많이 나오는 결론이 '고객만족
도 향상을 통한 매출 증가', '대대적인 혁신 활동이 필요', '시설과 인원
에 대한 투자가 필요함'이다.

보고를 받는 지점장이라면 이런 결론에 대해 어떻게 생각할까? 결
론이 마음에 와 닿을까? '고객만족도를 높여 매출을 끌어올려야 한다'
거나 '대대적인 혁신 활동이 필요하다'는 말에 마음이 움직일까? X지
점이 이대로 가다가는 몇 년 내에 문을 닫을지도 모른다는 경각심을
갖고 변화를 꾀하려고 할까? 내가 지점장이었다면 심드렁하게 받아들
였을 것이다. '별거 아니네'라거나 '그럭저럭 잘 되고 있는 모양이네'
라고 생각할 수도 있다. 그리고 경쟁력을 높이기 위한 근본적인 체질
개선이 아니라 작은 변화만 시도할 수도 있다.

그렇다면 실무자 입장에서는 새로 부임한 지점장에게 지점의 상황
이 심각하며 대대적인 혁신을 꾀하지 않고서는 살아남기 힘들다는 현
재 상황을 인식시키는 데 실패한 것이다. 혁신을 통해 미래의 변화를
이끌어야 하는 기회 창출에도 실패했다. 당장은 큰 문제가 생기지 않
을 수 있지만 어쩌면 시간이 지나 직장을 잃을지도 모른다.

다시 돌아가보자. '고객만족도를 높여 매출을 끌어올려야 한다'거나
'대대적인 혁신 활동이 필요하다'는 이야기들에 정말 결론이 들어 있
는가? 하나씩 살펴보자. 먼저 '고객만족도 향상을 통한 매출 증가'는

그럴듯한 결론처럼 보인다. 하지만 다시 한번 생각해보라. 고객만족도를 높이는 것이 결론이 될 수 있을까? 매출 증가는 어떤가? '매출을 늘려야 한다'가 결론이 될 수 있을까? 이 짧은 문장에 기획자가 주장하는 결론이 담겨 있는가?

답은 '아니요'다. 고객만족도나 매출은 기업의 근본적인 존재 이유다. 언급할 필요조차 없는 당연한 사항이다. 어느 기업이나 고객만족도 없이는 존재할 수 없다. 기업이 존재하는 동안 매출을 늘려야 하는 것은 성장의 측면에서 당연한 얘기다. 하나 마나 한 얘기, 즉 '기본적으로 깔고 가는' 조건이다. 이것은 결론이 될 수 없다. 바꿔 말하면 '우리 지점이 잘해야 된다'라는 말이나 다를 바 없다. 고객만족도를 높이기 위해, 매출을 늘리기 위해 어떻게 해야 한다는 기획자의 생각이 들어가야 비로소 결론이 될 수 있다.

'대대적인 혁신 활동이 필요하다'는 결론은 어떤가? 혁신 활동 역시 기업이라면 늘 눈을 부릅뜨고 해야 하는 당연한 활동 중 하나다. 경영 환경이 날로 치열해지고 어려워지는 환경에서 혁신 활동이나 개선 없이 기업을 운영한다는 것은 불가능하다. 그런데 혁신 활동을 해야 한다는 것을 결론으로 제시한다는 건 '뭔가 잘못되고 있지만 그게 뭔지는 모르겠고 일단 혁신 활동 한번 해봅시다'라는 무책임한 이야기로 들린다. 한편으로 자신의 일에 대한 고민이 전혀 없다는 생각이 들기도 한다. 혁신의 필요성을 느껴야 혁신 활동을 할 것 아닌가?

'시설이나 인원에 대한 투자가 필요하다'는 결론은 어떤가? 직원들이 아주 쉽게 내세울 수 있는 핑계 중 하나가 돈이 없고 사람이 없다는 것이다. 반면에 경영진은 돈 있고 사람 있으면 잘할 수 있냐고 되묻는다. 이건 마치 '닭이 먼저냐, 달걀이 먼저냐'같이 끝없이 이어지는 논쟁 중 하나다. "돈을 써야 됩니다. 사람을 늘려야 합니다. 교육이 필요합니다." 이런 결론을 듣는 상사는 내면 깊숙한 곳으로부터 짜증이 치밀어 올라온다. "그럼 지금 돈 없고 사람이 없어서 이 모양인가? 그동안 뭘 했어?"라는 소리가 나오기 십상이다. 그런 것이 결론이 되어서는 안 된다. 시설에 대한 투자나 증원, 교육 등은 결론에 대한 공감, 즉 현재 지점의 상태가 심각하다는 데 의견 일치가 이뤄지면 '그러면 어떻게 해야 돼?'라는 질문이 나왔을 때 자연스럽게 해결책으로 등장해야 한다.

관심을 강렬하게 끌어당겨라

결론에는 반드시 기획자의 주장이나 의견이 포함돼 있어야 한다. 보고받는 사람이 들었을 때 뻔한 얘기가 결론으로 나오면 "그래서 당신 생각은 뭔데?"라고 묻지 않을 수 없다. '고객만족도 향상을 통한 매출 증대'는 기업이 존재하는 궁극적인 목적이므로 틀린 말은 아니다. 하지만 그래서 기획자의 입장에서 무슨 생각을 하고 있는지가 담겨 있

지 않다.

'대대적인 혁신 활동'도 마찬가지다. 무엇을 혁신해야 한다는 것이
며 왜, 어떻게 혁신을 해야 한다는 것은 담겨 있지 않다. '시설 투자나
인원 보완'은 내부적으로 원인을 찾지 못하고 핑계를 대는 느낌이 강
하다. 모두 알맹이는 빠져 있고 껍데기만 담겨 있다. 이런 결론이 좋은
평가를 받을 리 없다.

그러나 기획자들은 이를 깨닫지 못하고 오히려 보고받는 사람을 뒤
에서 험담한다. "아, 그 꼰대. 정말 더러워서 못 해먹겠네. 결론이라고
써냈는데 왜 자꾸 엉뚱한 소리를 하는 거야."라는 식으로 책임을 떠넘
긴다. 이렇게 해서는 발전이 없다. 백날 기획을 해도 실력이 늘지 않는
다. 피드백에 담긴 의미를 정확히 캐치하고 노력해야만 발전한다.

좋은 결론은 몇 가지 조건을 갖추고 있다. 우선 상대방의 관심을 끌
어당길 수 있어야 한다. 마케팅에서 쓰는 용어 중 'AIDMA'라는 것이
있다. Attention(주의 집중), Interest(흥미), Desire(욕구), Memory(기
억), Action(구매 행동)의 머리글자다. TV 볼 때를 한번 생각해보자. 시
청자들이 채널을 돌리다가 갑자기 '어? 저게 뭐야?'라고 관심을 보이
며 채널 돌리기를 멈춰야만 제품이나 서비스를 홍보할 기회가 생긴다.
사람들이 관심조차 보이지 않고 그냥 넘겨버리면 애써 만든 제품이나
서비스를 홍보할 기회조차 없다. 즉 우선은 주목하게 만들어야 한다.
그래야 흥미가 생기고 '갖고 싶다'는 욕구를 끌어내 기억하고 구매로
이어지게 할 수 있다. 소비자가 주목하지 않는 제품이나 서비스는 구

매로 이어질 가능성이 낮다.

보고서도 마찬가지다. 우선은 주목하게 만들어야 한다. 주목하게 만들려면 결론이 뻔해서는 안 된다. 뻔하지 않다는 건 의외성이 있다는 것이다. 의외성이 있다는 말은 듣는 사람의 추측 기제를 망가뜨린다는 것이다. 상대방이 '이런 얘기를 하겠지?'라고 기대하고 있을 때 그 기대를 무너뜨리는 것이 의외성이다.

앞서 A마트의 X지점 사례에서 지점장이 예상하는 것은 '잘하고 있다'거나 '잘하고 있지만 개선이 필요하다'거나 조금 더 나아가면 '개선할 부분이 많다'거나 하는 것이다. 하지만 '이대로 가면 문 닫을 수도 있다'는 건 상상하기 어렵다. 시작부터 '우리 회사 이대로 가면 살아남기 어렵습니다'라고 말하면 지점장은 추측 기제가 깨지고 따라서 진지해질 수밖에 없다. 주목하고 집중하는 것이다. 일단 주목하면 조금 더 흥미 있게 이야기를 듣는다. 이것이 좋은 결론의 역할이다.

그렇다고 해서 결론이 자극적이어야 한다는 이야기는 아니다. X지점의 경우는 잘하는 것보다는 못하는 것이 더 많았고 본질적인 측면에서 경쟁력을 잃고 있었기 때문에 그런 결론을 도출했지만 실제로 잘하는 기업도 있을 것이다. 잘하고 있는데 군이 부정적이고 자극적인 결론을 제시할 필요는 없다. 그랬다가는 오히려 역효과가 나타날 수 있다. 상황에 맞는 적절한 결론을 이끌어내되 상대의 예상이나 기대를 무너뜨릴 수 있는, 의외의 결론을 제시하는 것이 바람직하다.

뇌리에 박히려면 무조건 단순해야 한다

결론이 가져야 할 두 번째 조건은 단순해야 한다는 것이다. 단순하다는 건 길거나 복잡하지 않고 짧다는 말이다. 앞서 A마트의 X지점 사례로 돌아가면 결론으로 시설 개선, 경쟁력 있는 상품 개발, 직원 역량 향상 교육, 고객서비스 시스템 개발 등을 제시했다. 결론이 이렇게 줄줄이 소시지처럼 나오면 안 된다. 결론은 보고를 받는 사람의 머리에 강렬하게 들어가 박혀야 한다. 그런데 결론이 하나, 둘, 셋, 넷 식으로 이어지면 듣는 사람은 무엇이 핵심인지 알기 어렵고 내용이 머릿속에 박히기도 전에 튕겨져 나간다. 보고하는 내용이 머릿속에 남아 있지 않으면 그 보고는 결코 성공적이라 할 수 없다.

보고받는 사람의 머릿속에 결론이 깊이 박히려면 짧고 강렬해야 한다. 위에서 언급한 몇 가지 항목들은 망가져가는 지점을 되살리기 위해 이뤄져야 할 조치들이고 그런 조치들을 시행하려면 현재 상태를 나타내는 짧고 강렬한 메시지가 필요하다. 그것이 바로 우리 지점 망할지도 모르겠다는 것이다. 해야 할 일과 결론은 다르다. 결론은 해야 할 일들에 앞서 마음을 움직이기 위해 제시되어야 하는 메시지로서 총괄적인 것이어야 한다. 다시 강조하지만 해야 할 일을 결론과 헷갈려서는 안 된다.

기획을 한마디로 말하는 콘셉트

결론에는 기획자의 생각이나 의도, 주장이 선명하게 들어 있어야 한다. 즉 색깔이 있어야 한다. 색깔 없이 밋밋한 결론은 '앙금 없는 찐빵'이나 다를 바 없다. 맛없는 음식은 누구도 먹고 싶어 하지 않는다. 좋은 보고서는 기획자의 의도와 색깔이 분명히 드러나 있다. 비록 그 주장이 보고받는 사람과 상이해서 논쟁이나 토론이 일어날 수도 있지만 밋밋해서 토론의 실마리조차 부여하지 못하는 것보다는 낫다.

앞서 기획자의 주장은 선명해야 하며 상대방의 기억 속에 확고하게 각인되어야 한다고 말했는데 그렇게 만들어주는 것이 바로 콘셉트다. 콘셉트는 주어진 과제에 대해 기획자가 생각하는 해결 방향을 한마디로 압축한 것이다. 콘셉트가 분명하면 찬성이 됐든 반대가 됐든 자신의 생각을 분명히 심어줄 수 있다. 반대로 콘셉트가 분명하지 않으면 "당신 생각은 뭔데?", "한마디로 말하면 뭐야?" 같은 말을 들을 수 있다. 보고받는 사람이 동의할 수 없는 콘셉트를 제시하면 좋지 않은 피드백을 받을 수는 있다. 콘셉트 없이 밋밋한 보고서보다는 백배 낫다는 점을 기억하라.

콘셉트란 용어는 원래 마케팅에서 유래되었다. 우리가 만든 제품이나 서비스가 고객의 머릿속에 각인돼 있어야만 구매로 이어질 가능성이 높으므로 '우리 제품(서비스)은 어떤 특징을 갖고 있다'를 압축적으로 전달하기 위해 만들어낸 것이 콘셉트다. 이 콘셉트에 대해 오해해선 안 될 점은 없는 것을 새롭게 만들어내는 게 아니라는 점이다. 숨어 있어 드러나지 않는 것을 고객이 공감하도록 만들어주는 게 콘셉트다. 즉 보고받는 사람이 공감할 수 있는 방향으로 자신의 생각을 압축하는 것이라 할 수 있다.

그러자면 고객이나 제품 혹은 서비스에 대한 새로운 관점이 필요하다. 통찰을 바탕으로 눈에 보이지 않는 것invisible을 눈에 보이게visible 만들어야 한다. 기존과 동일하게 접근해서는 이런 통찰력을 발휘하기 어려우므로 새로운 측면에서 문제를 바라보고 해결책을 도출할 필요가 있다. 단순히 자신이 생각하는 일반적인 해결책을 압축한 게 아니라는 말이다. 콘셉트가 명확하면 기획자가 하려고 하는 이야기를 길게 설명하지 않아도 된다는 장점이 있다.

다음 페이지의 사진을 보자. 먼저 위쪽 사진을 보면 뭔가 총알같이 생긴 것이 순식간에 사과를 뚫고 지나가는 장면이 담겨 있다. 광고계에서 꽤 유명한 이 그림은 블랙베리의 광고 영상에서 가져온 것이다. 총알처럼 보이는 물체는 블랙베리이고 사과는 애플을 가리킨다. 둘 다 모바일 폰을 제작하는 업체다. 즉 애플조차도 블랙베리 앞에서는 무용지물이라는 의미를 담고 있다. 약 10여 초에 불과한 짧은 영상이지만 블랙베리가 하고 싶은 말이 모두 들어 있다. '블랙베리가 애플보다 뛰어나다'는 콘셉트를 기가 막힌 광고 영상으로 제작한 것이다.

그렇다면 애플은 이 광고를 보고 그냥 있었을까? 당연히 애플은 모

블랙베리 광고(상)와 애플 광고(하) 콘셉트

든 사람이 혀를 내두를 만한 광고를 내보냈다. 미국은 경쟁사의 광고를 패러디해서 광고를 내보낼 수 있다. 애플은 블랙베리의 광고를 그대로 차용해서 위 사진의 하단 이미지와 같이 총알처럼 생긴 블랙베리가 애플에 맞아 산산조각이 난 영상을 제작했다. 영상의 마지막에는 아무 말도 없이 단 하나의 문구만 흐른다. 'Simple facts.' 아무리 블랙베리가 설쳐도 애플이 더 뛰어나다는 의미다.

사람들은 두 영상 중에 누구의 손을 들어줄까? 블랙베리의 광고도 뛰어나지만 애플의 광고는 블랙베리의 광고를 훨씬 뛰어넘는 것이었다. 블랙베리는 공연히 애플에 싸움을 걸었다가 본전도 못 챙긴 셈이다.

두 영상에서 블랙베리나 애플이 말하고자 하는 것이 콘셉트다. 이처럼 콘셉트가 분명하면 단 10초의 짧은 영상만으로도 하고 싶은 얘기를 다 할 수 있다. '우리가 만드는 제품은…', '우리가 만드는 서비스는…' 하면서 일장 연설을 늘어놓지 않아도 소비자들의 마음을 사로잡을 수 있다. 보고서에서도 콘셉트가 분명하면 보고를 받는 사람의 마음을 움직이기가 용이해진다.

이것이 콘셉트의 힘이다. 뒤집어 생각하면, 보고서가 두서없이 장황해지는 이유 중 하나는 콘셉트가 명확하지 않기 때문일 수도 있다. 기획자의 의도나 메시지가 분명하지 않아서 이것저것 불필요한 내용을 집어넣다 보니 보고서만 빵빵해지는 것이다. 원래 알맹이가 부실할수록 포장에 신경을 쓰는 법이다. 명확한 메시지가 없을 때 보고서가 두꺼워지고 내용이 장황해진다는 것을 기억하라.

앞서 좋은 결론의 조건을 언급하면서 보고받는 사람의 관심을 끌어야 한다고 말했는데 콘셉트는 바로 그런 역할을 한다. 뚜렷한 콘셉트는 보고 내용에 주목하게 한다. 누누이 강조하지만, 보고와 관련해 기획자와 보고받는 사람 간에 이견이 생기는 건 문제가 되지 않는다. 그보다는 보고받는 사람이 내용 자체에 관심을 가지지 않는 게 더 큰 문제다. 그러니 기획의 결과가 뚜렷한 콘셉트로 연결되도록 노력해야한다.

콘셉트를 잘 뽑는 4단계 방법

그렇다면 콘셉트는 어떻게 도출해야 할까? 다음과 같이 4단계로 나눠 생각해볼 수 있다. 첫째, 문제가 무엇인지 정의한다(Problem Definition). 둘째, 문제에 대한 대안 또는 해결책을 도출한다(Alternative). 기획자가 전달하고자 하는 콘셉트는 이 대안 속에 담겨 있을 것이다. 이를 끄집어내기 위해 셋째, 대안의 핵심이 무엇인지 찾아내야 한다(Core of the Alternative). 마지막으로 이 핵심 내용을 천둥이 치는 것처럼 큰 울림이 전달되는 어구로 표현해야 한다(Thundering Phrase). 이 네 단계를 머리 글자만 따서 압축하면 'PACT'가 된다. 조금 더 이해하기 쉽게 나타내면 다음과 같다.

문제의 정의	해결해야 할 문제가 무엇인가?
문제에 대한 대안	주어진 문제에 대해 기획자가 생각하는 대안 또는 해결책은 무엇인가?
대안의 핵심	기획자가 제시하는 대안에서 핵심 내용은 무엇인가?
천둥처럼 울리는 어구	핵심 내용을 듣는 사람의 머릿속에서 천둥처럼 느껴지게 만들어주는 표현은 무엇인가?

콘셉트를 도출하는 PACT

예를 들어 맛집으로 소문난 어느 한 식당이 있는데 사람이 너무 몰려 오랫동안 기다려야 하는 불편 때문에 고객들의 불만이 점점 늘어나고 결국 손님들이 다른 식당으로 가버리는 상황이 빈번해진다고 가정해보자. 처음에는 호기심 때문에 참고 기다리던 손님들마저 발길을 돌려 시간이 지날수록 매출이 계속해서 떨어지는 상황이다.

이 사례를 PACT로 정리해보자.

· **Problem Definition: 해결해야 할 문제가 무엇인가?**

앞서도 언급했지만 문제를 올바르게 정의하는 것이 중요하다. 문제 정의가 잘못되면 이후의 모든 프로세스가 달라질 수 있고 콘셉트도 잘못 도출될 수 있다. 이 식당의 경우 문제는 무엇일까? '오랜 대기 시간'이라고 하면 해결책은 대기 시간을 줄이는 쪽에 맞춰져야 한다. 그러면 메뉴를 줄이거나 회전율을 높이거나 시끄러운 음악을 틀어 음식이 입으로 들어가는지 코로 들어가는지 모르게 혼을 빼놓아야 한다. 아니면 식당 내부를 넓히는 방법도 있다. 그러나 문제를 '오랜 대기 시간'이 아니라 '기다리는 시간이 지루함'이라고 하면 해결 방법은 '기다리는 시간을 지루하지 않게 만들어주는 것'이 된다.

· **Alternative: 대안 또는 해결책은 무엇인가?**

기다리는 시간이 지루한 고객에게 제시할 수 있는 대안은 기다리는 시간이 지루하지 않게 느끼도록 만들어주는 것이다. 즉 기다리는 동안 추첨을 통해 경품을 제공하거나 마술 같은 공연을 통해 재미를 주는 방법 등이 있다.

· **Core of the Alternative:** 대안에서 핵심 내용은 무엇인가?

대안의 핵심은 '기다림이 즐거워지게' 만드는 것이다. 기다리는 시간이 즐거워지면

그 시간이 지루하지 않기 때문이다.

· **Thundering Phrase:** 천둥처럼 느끼게 만들어주는 표현은 무엇인가?

기다리는 시간이 즐거워진다는 의미에서 '설레는 기다림이 있는 식당'이라고 표현하

면 어떨까?

요약하면 다음과 같다.

문제의 정의	해결해야 할 문제가 무엇인가?	자신의 차례를 기다리는 게 지루함
문제에 대한 대안	주어진 문제에 대해 기획자가 생각하는 대안 또는 해결책은 무엇인가?	기다리는 시간이 지루하게 느껴지지 않도록 즐거움을 제공
대안의 핵심	기획자가 제시하는 대안에서 핵심 내용은 무엇인가?	즐거운 기다림
천둥처럼 울리는 어구	핵심 내용을 듣는 사람의 머릿속에서 천둥처럼 느껴지게 만들어주는 표현은 무엇인가?	설레는 기다림이 있는 식당

이를 A마트 X지점의 사례에 적용해볼 수 있을까? 앞서 도출했던 결
론은 '지금 상태로는 생존이 어렵다'는 것이었다. 만일 이런 현재의 상
태에 대해 지점장과 합의가 이뤄졌다면 다음 단계에서는 '그러면 어

떻게 할 것인가?'를 생각해봐야 한다. 지점이 망하지 않고 지속적으로 살아남을 수 있는 방향으로 개선해야 하는데 어떤 방향으로 갈 것인가가 해결책의 콘셉트가 될 것이다. 이것을 앞의 프로세스에 따라 정리해보자.

- 해결해야 할 문제는 무엇인가?

  A마트 X지점의 문제는 다양하지만 무엇보다 중요한 것은 상품과 서비스의 질이 낮고 차별화 요소가 부족해 경쟁력이 떨어지는 것이다.

- 대안 또는 해결책은 무엇인가?

  이 문제를 해결하기 위해 A마트 X지점은 신뢰할 수 있는 품질과 차별화된 독자 상품을 저렴한 가격에 공급함으로써 고객의 신뢰를 확보해야 한다.

- 대안의 핵심 내용은 무엇인가?

  이 대안에서 핵심은 신뢰다. 신뢰라는 말 안에는 믿을 수 있는 품질, 다른 곳보다 저렴한 가격, 독자적인 상품 등의 뉘앙스가 모두 포함될 수 있다.

- 천둥처럼 느껴지게 만들어주는 표현은 무엇인가?

  신뢰를 한마디로 표현하면 무엇이 좋을까? 우리 주위에서 가장 신뢰할 수 있는 조직은 무엇이 있을까? 아마도 은행이 신뢰할 수 있는 기관 중 하나일 것이다. 신뢰하지 못하면 돈을 맡길 수도 없고 돈을 빌릴 수도 없으니 말이다. 따라서 '은행같이 신뢰할 수 있는 마트'라고 하면 어떨까?

이것을 요약하면 다음과 같다.

문제의 정의	해결해야 할 문제가 무엇인가?	상품과 서비스의 질이 낮고 차별화 요소가 부족하여 경쟁력이 떨어지는 것
문제에 대한 대안	주어진 문제에 대해 기획자가 생각하는 대안 또는 해결책은 무엇인가?	신뢰할 수 있는 품질과 차별화된 독자 상품을 저렴한 가격에 공급함으로써 고객의 신뢰를 확보하는 것
대안의 핵심	기획자가 제시하는 대안에서 핵심 내용은 무엇인가?	신뢰(품질, 가격, 독자적 상품)
천둥처럼 울리는 어구	핵심 내용을 듣는 사람의 머릿속에서 천둥처럼 느껴지게 만들어주는 표현은 무엇인가?	은행같이 신뢰할 수 있는 마트

지금까지 콘셉트에 대해 살펴봤다. PACT를 통해 콘셉트를 도출하는 방식을 기획 업무에는 다음과 같이 활용할 수 있을 것이다.

· 해결해야 할 문제는 무엇인가?

기획 업무에서 해결해야 할 과제는 일률적으로 정해져 있지 않고 그때그때 달라질 수 있다. 직원들의 퇴사율이 높아지는 것일 수도 있고 매출이 심각하게 하락하는 것일 수도 있으며 제품의 불량률이 높아지는 것일 수도 있다.

· 대안 또는 해결책은 무엇인가?

대안이나 해결책도 주어진 과제에 따라 달라진다. 주어진 문제의 근본 원인을 찾아 그것을 해결할 수 있는 다양한 대안들을 도출한다. 어떤 대안들이 도출되느냐에 따라 핵심이 달라질 수 있다.

· 대안의 핵심 내용은 무엇인가?

기획자가 제시한 대안에 대해 핵심이 무엇인지 찾아낸다.

· 천둥처럼 느껴지게 만들어주는 표현은 무엇인가?

기획자가 제시한 대안의 핵심을 전달할 수 있는 표현을 찾아 결론에 제시한다.

콘셉트를 도출했다면 보고할 때는 이렇게 하면 된다. "팀장님, 지난번 지시하신 ○○건에 대해 제가 생각하는 해결책은 한마디로 무엇무엇(콘셉트)입니다. 그 의미는 이러이러한 것입니다. 그렇게 생각하는 이유는 첫째, 둘째, 셋째…." A마트 X지점의 경우는 이렇게 시작하면 된다. "지점장님, 지난번 지시하신 고객의 소리를 듣고 분석해본 결과 저희 지점은 이대로 가면 생존이 우려됩니다. 따라서 저희 지점은 은행같이 신뢰할 수 있는 마트로 변신해야 한다고 생각합니다."

첫마디에 조사 내용의 결론과 대안에 대한 기획자의 의도가 모두 들어 있고 지점장이 알고 싶은 모든 내용이 함축적으로 담겨 있다. 이렇게 결론과 대안에 대한 콘셉트를 일목요연하게 정리해서 보고하면 "당신 생각은 뭔데?", "그래서 주장하고 싶은 게 뭐야?" 같은 피드백은 받지 않을 것이다. 아마 지점장은 '오, 제법인데?'라고 생각할 것이다.

하지만 고객의 소리를 듣게 된 배경이나 목적, 추진 경과, 조사 방법 및 기간, 분석 방법 등을 죽 거쳐 마지막에 "고객만족도 향상을 통해 매출을 증대해야 합니다."라고 말하면 어떨까? 지점장은 기획자가 실력 없는 사람이라는 선입견을 가질 것이다.

보고서를 간결하게 만드는 결론의 힘

지금까지 피라미드 구조와 콘셉트에 대해 살펴봤다. 이 2가지는 주어진 과제에 대해 기획자의 의도, 기획자의 생각, 기획자가 생각하는 결론을 한마디로, 그리고 자신만의 색깔을 담아 전달하기 위한 것이다. 결론과 콘셉트가 명확하고 선명할수록 상대방에게 쉽게 전달되고 깊은 인상을 심어줄 수 있다.

그런데 뚜렷한 결론, 색깔이 분명한 결론이 가지는 또 하나의 장점이 있다. 바로 보고서를 간결하게 쓸 수 있다는 것이다. 앞서 살펴본 것처럼 피라미드 구조는 결론부터 제시해야 하며 콘셉트는 결론이 명확하지 않으면 만들어낼 수 없다.

또한 보고서의 내용이 길어서는 안 된다. 전달하려고 하는 주장이 선명할수록 그 주장만 내세우면 된다. 굳이 다른 이야기를 길게 쓸 필요가 없다. 오히려 많이 쓰면 쓸수록, 많이 채우면 채울수록 자신이 주장하려는 내용의 본질에서 벗어날 수 있다. 내용이 길고 장황한 보고서는 초점을 맞추지 못한 것이다. 뚜렷하고 선명한 결론이 없으므로 불필요하게 양으로 때우는 것이다. 명확하게 '이것이다'라고 내세울 만한 결론이나 자신의 색깔이 없으면 이를 감추기 위해 의미 없는 도표나 그래프, 각종 분석 자료 등으로 때우기 마련이다.

따라서 상사가 "왜 이렇게 말이 많아? 좀 간단하게 정리할 수 없어?"

라고 말한다면 보고서가 길다는 게 아님을 알아야 한다. 보고서의 양을 물리적으로 줄인다고 해서 상사를 만족시킬 순 없다. '아, 보고서에 나의 생각이 선명하게 드러나지 않는구나'라고 생각하고 주장을 굵고 선명하게 담으려고 해야 한다. 일반적으로 자신의 생각을 명확히 정리하지 못하거나 억지로 쓰긴 하지만 자신도 무슨 말을 하는지 확신하지 못할 때 보고서는 늘어지기 마련이다. 이럴 때는 피라미드 구조와 콘셉트를 떠올려보라.

Chapter
4

생각의 A to Z를
풀어내야 한다

기획을 할 때 가장 중요한 것 중 하나는 자신의 생각을 논리적으로 일관성 있게 전개하는 기술이다. 주어진 과제의 현상에서 결론에 이르기까지 자신이 주장하는 내용이 물 흐르듯 자연스럽게 전개되어야 보고서를 읽는 사람도 편안함을 느낄 수 있다. 논리적인 비약이 있거나 앞뒤가 맞지 않는 보고서는 읽으면 불편함을 느낄 수밖에 없다.

기획 관련 일을 하는 사람이라면 누구나 자신의 생각을 논리적으로 풀어내기 위한 공부가 필요하다. 대체로 많이 쓰는 방법이 '로직 트리'logic tree다. 로직 트리가 세상에 알려진 지 이미 오랜 시간이 지났고, 직장인이라면 꼭 알고 있어야 할 필수 도구지만 막상 강의실에서 물어보면 모르는 사람들이 많다. 때로는 가장 기본적이고 오래된 도구가 가장 유용한 도구가 될 수도 있는 법이다. 이번 챕터에서는 로직 트리에 대해 살펴보자.

똑같은 생각, 빠진 생각 없이 정리하기

로직 트리란 마치 나무가 가지를 뻗듯 큰 수준에서 작은 수준으로 논리적 관계를 고려하며 생각을 쪼개나가는 것이다. 세상에 존재하는 대부분의 문제는 단독으로 발생하지 않고 복잡한 인과관계를 가지고 있다. 복잡한 문제를 머릿속에서 떠오르는 대로 생각하다 보면 결론을 원인으로 삼거나 내용이 중복되거나 누락될 수 있다. 이런 문제가 일어나지 않도록 내용을 구조적, 체계적으로 정리하기 위한 도구가 로직 트리다. 앞 내용과 뒤에 따라오는 내용 간의 인과관계가 분명하도록 자신의 생각을 나뭇가지가 펼쳐지듯 폭넓고 깊이 있게 전개해나가는 것이다.

로직 트리를 언급하기 전에 먼저 살펴볼 개념이 있다. 바로 MECE의 개념이다. MECE는 앞서 간단하게 언급한 바 있는데 다시 말하면 Mutually Exclusive, Collectively Exhaustive의 머리글자로, 중복되지 않고 전체를 합했을 때 '1'이 될 수 있도록(누락되는 것이 없도록) 생각을 정리하는 사고법이다.

예를 들어 최근 피곤함을 느끼는 날들이 많다고 가정해보자. 언뜻 생각하면 '잠을 못 자서', '야근이 많아서', '술자리를 많이 해서' 등 육체적 활동과 관련된 원인만 떠올릴 수 있다. 하지만 우리가 피곤함을 느끼는 데는 육체적인 요인뿐만 아니라 정신적인 요인도 있다. 실제로 피곤함을 느끼는 이유가 새로 부임해온 팀장과의 갈등 때문이라고 한다면 위와 같은 육체적인 원인만 떠올려서는 문제의 근본 원인을 찾아낼 수 없다.

이렇게 폭넓게 원인을 찾아내는 이유는 그것을 제거함으로써 문제가 재발되지 않도록 근본적인 조치를 취하기 위함이다. 육체적인 원인뿐 아니라 정신적인 원인까지 생각할 수 있어야만 문제의 근본 원인을 찾아 해결할 수 있다.

최고의 답을 찾는 MECE 사고법

문제를 해결하는 과정에서 현상이나 원인, 해결책이 중복되거나 누락되지 않도록 생각하는 것은 논리적 사고에서 무척 중요하다. 생각이 누락되면 핵심 원인을 놓칠 수 있고 근시안적인 해결책을 도출해서 문제가 다시 발생할 수도 있다. 운이 좋아 '부분해'local solution를 찾을 수는 있겠지만 '최적해'global solution를 찾지 못하면 문제는 언제든 재발한다.

그렇다면 내용이 중복되지 않아야 하는 이유는 무엇일까? 현상이나 원인, 해결책이 중복되면 중언부언하는 느낌도 있지만 한정된 자원을 낭비하는 문제도 있다. 예를 들어 어느 마트에 식품 코너가 있고 농산

물 코너와 곡물 코너도 있다고 해보자. 쌀은 어느 코너에 전시해야 할까? 쌀은 식품이기도 하고 농산물 또는 곡물이기도 하므로 모든 코너에 전시해야 할까? 그렇게 되면 불필요하게 많은 상품이 필요하고 이를 관리하기 위한 비용이나 인원, 공간도 늘어나야 한다. 즉 불필요하게 자원이 낭비된다.

기업의 자원은 늘 유한하다. 사람이나 비용, 노력, 역량 등 모든 것이 한정되어 있다. 기업이 수익을 창출하고 영속성을 확보하려면 주어진 자원을 최대한 효율적으로 활용하지 않으면 안 된다. 중복되는 것을 최대한 방지하고 반드시 필요한 분야에만 자원을 선택적으로 집중해야 한다. 그런데 만일 문제를 일으키는 원인이나 해결책이 중복된다면 자원도 중복적으로 투입돼야 하고 효율은 떨어질 것이다. 게다가 중복된 사고는 결과의 왜곡을 불러올 수도 있다.

MECE 사고는 불필요한 자원의 낭비와 결과의 왜곡을 막고 핵심 원인을 밝혀냄으로써 최적의 해결책을 도출시키는 아주 유용한 사고의 근본 원리다. 여러 사례를 통해 이 사고법을 살펴보도록 하자.

대한민국 국민들을 다음 그림과 같이 연령대별로 구분하면 이것은 MECE한 분류가 될까? 이를 알아보기 위해 질문을 던지면 이렇다. 각 집단 간에 중복되는 부분이 있는가? 이 집단들 외에 추가로 분류할 수 있는 집단이 있는가? 살펴보면 중복되는 부분도 없고 누락되는 부분도 없다. 그렇다면 이런 분류는 MECE의 관점에서 볼 때 잘 된 것이라 할 수 있다.

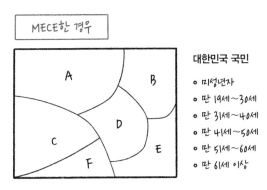

MECE한 경우

대한민국 국민

○ 미성년자
○ 만 19세~30세
○ 만 31세~40세
○ 만 41세~50세
○ 만 51세~60세
○ 만 61세 이상

직장인들을 대상으로 한 교육 프로그램을 리더십, 커뮤니케이션, 인문학, 전략 기획, 문제 해결 등으로 구분한다면 MECE하다고 할 수 있을까? 각각의 프로그램은 중복되지 않을 수는 있지만 보고서 작성이나 프레젠테이션 과정, 엑셀이나 워드, 파워포인트 같은 문서 작성 프로그램 스킬 향상 과정, 재무 과정 등은 포함되어 있지 않다. 따라서 '중복된 것은 없으나 빠진 부분이 있다'고 말할 수 있다(실제로는 리더십에 문제 해결 등이 포함될 수 있다. 그러므로 엄밀히 말하면 ME한 것도 아니다!).

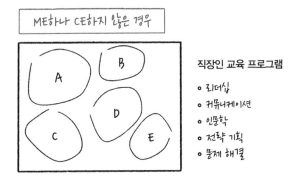

ME하나 CE하지 않은 경우

직장인 교육 프로그램

○ 리더십
○ 커뮤니케이션
○ 인문학
○ 전략 기획
○ 문제 해결

하루의 시간대를 다음 그림과 같이 새벽, 아침, 점심, 저녁, 밤으로 구분하면 MECE할까? 우선 이 시간대 외에 다른 시간대는 존재하지 않으므로 누락된 것은 없다. 하지만 사람에 따라서는 아침 시간을 6시로 볼 수도 있고 7시로 볼 수도 있으므로 개념적 중복이 일어날 수 있다. 따라서 이 사례는 누락된 시간대는 없으나 중복이 없다고는 할 수 없다.

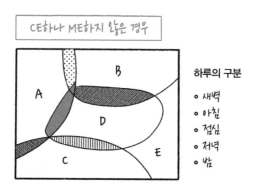

CE하나 ME하지 않은 경우

하루의 구분
o 새벽
o 아침
o 점심
o 저녁
o 밤

사람들이 좋아하는 음식을 다음처럼 치킨, 피자, 족발로 나타냈다면 이것은 MECE할까? 치킨을 좋아하는 사람이 피자나 족발을 좋아할 수도 있고, 피자를 좋아하는 사람이 치킨이나 족발을 좋아할 수도 있다. 게다가 치킨이나 피자, 족발 외에 떡볶이나 순대, 튀김 같은 분식 종류, 보쌈이나 김밥 등 여기에 포함되지 않는 식품들을 좋아할 수도 있다. 그러므로 이런 분류는 중복되지 않았다고 볼 수 없고, 누락되지 않았다고 할 수도 없다. 즉 전혀 MECE하지 않다.

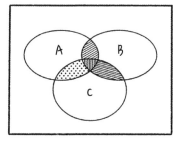

식품 선호도

○ 치킨
○ 피자
○ 족발

생각의 완성도를 높이는 프레임 사용법

논리를 이야기하기에 앞서 이처럼 생각을 중복되거나 누락시키지 않는 것이 중요하다. 그런데 MECE하게 사고한다는 것이 정말 쉬운 일일까? 고백하자면, 기획 업무를 25년간 했던 나 역시 완벽하게 MECE한 사고를 한다고 할 수 없다. 때로는 누락되는 것도 있으며 종종 중복을 피하지 못하는 경우도 있다. 그렇다면 어떻게 해야 중복이나 누락 없이 MECE하게 사고할 수 있을까? 그 방법 중 하나는 사고의 프레임을 사용하는 것이다.

마케팅 활동을 한다고 할 때 제품이나 서비스와 관련해서는 어떤 활동들을 할 것인지, 가격은 어떻게 책정할 것인지 등 머릿속에 떠오르는 대로 아이디어를 전개하다 보면 틀림없이 중복되거나 누락되는 것들이 발생할 수 있다. 이럴 때 '4P'(상품 Product, 가격 Price, 유통 경로 Place, 판촉 활동 Promotion)라는 잘 알려진 프레임을 사용하면 중복이나 누락을 막는 데 도움이 된다. 상품에 포함되어야 할 항목은 가격이나 장소, 판촉 활동 항목에 포함될 수 없으므로 중복을 막을 수 있고, 만약 판촉 활동에 해당하는 항목을 미처 떠올리지 못했다면 여기에 내용을 채워 넣기 위해 생각을 해야 하므로 누락을 막을 수 있다.

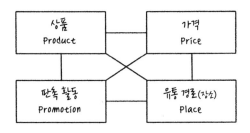

4P 사고 프레임

우리가 경영학 서적에서 많이 볼 수 있는 다양한 형태의 프레임이 존재하는 이유가 바로 이 때문이다. 이런 프레임들을 사용하면 중복이나 누락을 방지할 뿐 아니라 보고를 받는 사람의 입장에서도 그 프레임에 맞춰 생각하게 되므로 유용하게 활용할 수 있다.

3C 분석이나 가치사슬 프레임 등도 마찬가지다. MECE한 사고에 익숙해지기 위해서는 이런 형태의 프레임을 활용하는 것도 좋은 방법 중 하나다.

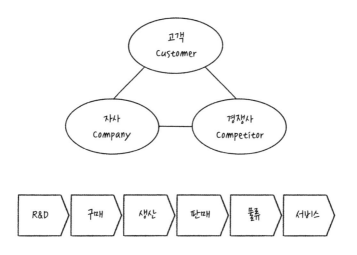

3C 분석(상)과 가치사슬 프레임(하)

이렇게 이미 만들어진 프레임을 사용해 생각을 중복이나 누락 없이 정리하다 보면 스스로 이런 프레임을 만들어 사용할 수 있는 수준에 이른다. 자신만의 프레임을 만들어 사용한다는 것은 MECE한 사고의 습관이 체화되었음을 의미한다. MECE한 사고를 위해 이런 프레임들이 담겨 있는 경영학 서적들을 보는 게 많은 도움이 될 수 있다.

복잡한 생각을 간결하게 전하는 기술

- - - - - -

MECE 사고와 함께 활용할 수 있는 또 하나의 논리적 도구가 구조화다. 내가 2013년에 쓴《관찰의 기술》은 창의적인 사고를 하는 데 가장 중요한 습관 중 하나가 관찰이므로 관찰 역량을 키워야 한다는 것을 강조한 책이다. 이 책을 쓰면서 관찰을 잘 하기 위한 동인으로 나는 다음과 같은 것들을 제시했다.

- 당연한 것을 의심하라.
- 해결하고자 하는 문제를 가져라.
- 사소한 것을 유심히 보라.
- 실수나 실패를 그냥 지나치지 말아라.
- 오감을 충분히 활용하라.
- 생활 속의 작은 불편을 놓치지 말아라.
- 새로운 것을 접할 수 있는 기회를 만들어라.
- 호기심을 가져라.

항목이 무려 8가지나 된다. 책을 다 읽고 났을 때 8가지나 되는 항목을 사람들이 다 기억할 수 있을까? 밀러의 '매직 넘버'(인지심리학자 조지 밀러George Miller 교수가 주장한 것으로, 인간이 단기적으로 기억할 수 있는 아이템의 개수는 대부분 7개 전후(5~9개)라는 법칙이다)를 넘었기 때문에 생각이 나는 것도 있고 생각나지 않는 것도 있을 것이다. 게다가 책을 읽는 독자 입장에서 보면 이렇게만 나열해서는 무엇을 이야기하는지 파악하기도 쉽지 않다.

그래서 고민한 결과 조금 더 기억하기 쉽게 구조화했다. 항목은 여전히 8개를 유지했지만 각각의 내용을 영어로 단순하게 표현하고 각각의 머리글자를 따 '와칭'WATCHING이라는 이름을 붙였다. 굳이 8개의 항목을 떠올리려고 노력하지 않아도, 와칭이라는 단어를 써보는 것만으로도 어떤 내용들이 담겨 있는지 쉽사리 이해할 수 있다. 정리해보면 다음 그림과 같다.

과제	일반적 보고 형식	구조화
창의적 사고를 위한 관찰 습관	○ 당연한 것을 의심하라. ○ 해결하고자 하는 문제를 가져라. ○ 사소한 것을 유심히 보라. ○ 실수나 실패를 그냥 지나치지 말아라. ○ 오감을 충분히 활용하라. ○ 생활 속의 작은 불편을 놓치지 말아라. ○ 새로운 것을 접할 수 있는 기회를 만들어라. ○ 호기심을 가져라.	와칭(WATCHING) ○ Wonder ○ Assignment ○ Trivial ○ Count Mistake/Failure ○ High Sense ○ Inconvenience ○ New Experience ○ Grow Curiosity

'창의적 사고를 위한 관찰 습관'을 구조화한 내용

이것도 일종의 구조화다. 정리하자면 구조화는 전달하고자 하는 정보의 내용을 논리 체계를 갖춘 프레임을 이용해서 체계적으로 정리하는 것이다. 앞서 예를 든 사고의 프레임도 구조화다. 전달해야 할 정보 내용이 많거나 내용 간의 관계가 복잡할 경우, 정보 간의 논리적 관계를 보여주어야 하는 경우에 이렇게 내용을 구조화하면 훨씬 정돈된 느낌을 받을 수 있다. 나아가 무질서하고 막연해 보였던 정보들이 구조화를 하고 나면 그 안에서 일정한 법칙이나 관계 등을 발견할 수 있어 논리적이라는 인상을 줄 수 있다.

기획에서 문서 작성은 아주 중요한 단계다. 아무리 좋은 생각을 가지고 있어도 문서로 제대로 나타내지 못하면 자기 생각을 상대방에게 전달할 수 없다. 전달되지 않는 내용이 설득력을 가질 수 없음은 당연하다. 따라서 기획을 하는 사람들은 늘 자신의 생각을 어떻게 하면 효과적으로 전달할 수 있을지 고민해야 한다. 그리고 이런 스킬 중 하나가 바로 구조화다.

구조화에 일정한 법칙이 있는 것은 아니다. 자신의 생각을 MECE하면서도 최대한 논리적이고 설득력 있게 전달할 수 있는 방법을 찾는 것이 중요하다. 그렇다면 구조화를 잘할 수 있는 방법이 있을까? 없다. 오로지 끊임없이 고민하고 반복해서 연습하는 수밖에 없다. 가끔 좋은 문서를 쓰는 요령에 대해 묻는 사람들이 있다. 하지만 나는 좋은 문서란 상대방, 즉 보고받는 사람의 입장이 되어 어떻게 하면 내가 전달하고자 하는 내용을 쉽게 이해할 수 있을지 고민하고 또 고민하는 과정에서 나온다고 확신한다. 따라서 구조화를 잘하기 위한 최고의 방법은 치열한 고민이다.

문제를 푸는 가장 강력한 도구, 로직 트리

　로직 트리는 어떤 현상이나 원인, 해결책에 대해 인과관계를 고려하면서 나무가 가지를 뻗듯 생각을 펼쳐나가는 것이다. 로직 트리 자체가 구조화의 한 가지 방법이기도 한데, 여기에는 MECE의 원칙이 적용되어야 한다. 즉 로직 트리를 구성하는 모든 생각의 요소들은 중복되거나 누락되어서는 안 된다. 주어진 과제에 대해 원인이나 해결책을 큰 레벨에서 작은 레벨로 점차 생각을 세분화해나가되 각 레벨에 있는 요소들은 서로 중복되거나 누락되어서는 안 된다.

　다음 그림에서 B와 C와 D는 중복되지 않으며 합하면 A가 되어야 한다. E~G, H와 I, J~L도 중복되지 않아야 하며 E와 F, G를 합하면 B, H와 I를 합하면 C, J와 K, L을 합하면 D가 되어야 한다.

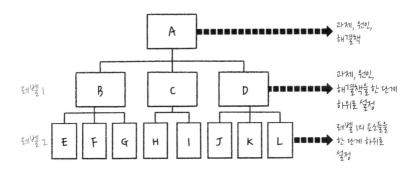

MECE 원칙을 적용한 로직 트리

각 레벨의 요소들은 동일한 비중을 가져야 한다. 예를 들어 '피곤하다'라는 문제에 대해 레벨 1에서 한 축을 '육체적인 원인'으로 구분한다면 다른 한 축은 '정신적인 원인'이 되어야 한다. 한 축을 '육체적인 원인'으로 하고 다른 한 축을 '꼴 보기 싫은 상사'라고 하면 '육체적인 원인'이 '꼴 보기 싫은 상사'보다 더 광범한 의미를 담고 있기 때문에 한쪽으로 무게중심이 쏠린다. 이런 원칙을 염두에 두고 위에서 아래로 생각을 확장해나가되 아래로 가면서 구체적으로 생각을 정리하면 된다.

여기서 모든 항목들이 레벨 3, 레벨 4까지 전개될 필요는 없다. 항목에 따라서는 레벨 3에서 멈출 수 있는 것도 있고, 어떤 것은 레벨 4, 5까지 전개해야 할 것도 있다. 모든 항목들을 같은 레벨까지 전개하려고 하다 보면 불필요하게 생각을 쪼개는 경우도 있으니 적절한 수준에서 멈출 필요가 있다.

단언컨대 로직 트리는 문제의 원인이나 해결책을 도출하는 데 있어 이 세상에 존재하는 그 어떤 도구보다 강력하다. 세상에는 다양한 종류의 원인 분석과 해결책을 도출하는 도구들이 존재하지만 일부를 제외하고는 거의 모두 로직 트리의 변형이라고 할 수 있다. 마인드맵이나 식스 시그마 등에서 사용하는 피시 본 차트fishbone chart 등은 쓰임새가 다르고 만들어진 배경도 다르지만 기본적으로는 로직 트리의 변형이라고 할 수 있다. 그러니 이런저런 도구를 익히느라 애쓰기보단 로직 트리 하나만이라도 완벽하게 사용하도록 연습해보자. 생각을 논리적으로 전개하는 데 큰 도움이 될 것이다.

생각의 기준을 잡는 로직 트리의 원리

　로직 트리를 사용하면 어떤 장점이 있을까? 먼저 로직 트리는 문제에 대한 원인이나 해결책을 한눈에 볼 수 있으므로 전체 내용을 손쉽게 파악할 수 있다. 상사는 실무자가 작성한 로직 트리를 보는 것만으로도 그의 머릿속을 꿰뚫어보듯 살펴볼 수 있다.

　또한 로직 트리는 MECE 원칙이 적용되기에 생각의 중복이나 누락을 방지할 수 있으며, 앞선 요소와 뒤따라오는 요소 사이에 인과관계가 형성되어 논리적 구조를 분명히 알 수 있다. 따라서 많은 요소들 중에서 어떤 것이 상대적으로 중요하고 먼저 해결해야 할 일인지 쉽게 판단할 수 있다.

　그렇다면 점심시간에 붐비는 식당의 성공 요인을 로직 트리로 그려볼 수 있을까? 로직 트리를 그릴 때 염두에 두어야 할 점이 있다. 로직 트리는 생각을 확장시키는 도구이기 때문에 큰 축에서 시작해 점점 작은 요소들로 생각의 폭을 좁혀가야 한다. 처음부터 지나치게 작은 생각으로 시작하면 얼마 확장되지 못하고 레벨 1이나 레벨 2에서 생각이 끝날 수밖에 없다.

이 식당의 성공 요인은 어떤 축부터 시작하면 좋을까? 언뜻 생각하면 맛, 가격, 메뉴, 서비스, 입지 등이 뛰어나면 성공할 수 있을 것 같다. 그러면 레벨 1에 이런 요소들을 배치할 수 있는데 문제는 그렇게 되면 하위에 전개할 만한 요소들이 별로 없다는 것이다. 즉 생각이 단절될 수 있다.

레벨 1에서는 그보다 더 큰 축을 생각해볼 필요가 있다. 그렇다면 시작을 무형적인 이유와 유형적인 이유로 나눠보면 어떨까? 무형적인 이유는 눈에 보이지 않지만 고객의 마음을 끌어당기는 데 결정적인 이유들이고, 유형적인 이유는 가시적인 관점에서 고객을 유인할 수 있는 이유들이 될 것이다.

무형적인 이유는 다시 본질적 측면의 요인과, 본질은 아니지만 그에 버금갈 정도로 고객의 마음을 움직이는 부수적 측면의 요인으로 나눌 수 있다. 유형적인 이유는 눈에 보이는 것이므로 시설이나 입지 등으로 나눌 수 있다. 그러면 레벨 2에서는 무형적 이유에 본질적 요인과 부수적 요인, 유형적 이유에 시설적 요인과 지리적 요인으로 나눠 배치할 수 있다.

이제 레벨 3으로 가보자. 식당의 본질은 무엇일까? 식당은 음식을 먹는 곳이므로 가장 먼저 생각할 수 있는 요인은 '맛'이다. 그리고 점심에 선택할 수 있는 메뉴, 가격 등을 생각할 수 있다. 부수적 요인은 비록 본질적인 건 아니지만 고객의 선택에 결정적으로 작용하는 것이어야 한다. 식당이라면 위생 상태나 서비스가 될 수 있다. 시설적 요인

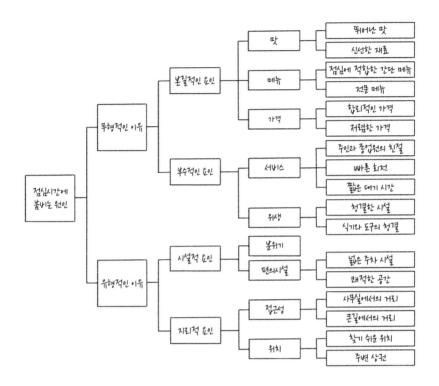

점심시간에 붐비는 식당의 성공 요인

은 다시 식당 건물과 관련된 요소, 식당이 소유한 주차장 같은 편의 요소가 있다. 지리적 요인은 사무실에서 찾아가기 가까운 거리 또는 큰 길에서 접근하기 쉬운 위치 등이 될 것이다. 이를 정리해보면 위의 그림과 같다.

앞서 말한 대로 레벨 3에 있는 요소들을 레벨 1로 올릴 경우 분위기나 식기의 청결 상태 등의 요소는 쉽사리 도출될 수 없다. 그러므로 가급적 시작은 큰 요소로, 뒤로 가면서 점점 더 작은 요소로 생각을 쪼개는 것이 유리하다.

여기서 혹자는 '마케팅'이나 '홍보', '입소문' 같은 요인들이 누락된 것 아니냐는 의문을 가질 수 있다. 그렇다. 누락된 게 맞다. 그 이유는 이 로직 트리를 그린 기획자로서의 내 생각에서는 그런 요소들은 별로 중요한 것이 아니라는 생각이 들었기 때문이다. 이렇게 '사고의 편향'이 생기면 로직 트리의 모습도 편향되게 나타날 수 있다.

가설에 따라 해결법은 완전히 달라진다

한편 로직 트리는 복잡한 문제를 해결하기 위한 가설을 도출하는 데 유용하게 활용할 수 있다. 가설 지향적 사고는 글로벌 컨설팅 회사인 맥킨지의 문제 해결 기법이기도 한데, 이것은 로직 트리를 이용해 복잡한 문제의 근본 원인을 도출하고 문제 해결의 가설을 끌어내는 방법이다.

출산율 문제를 예로 들어보자. 우리나라 출산율은 이미 가구당 한 명 이하로 내려섰다. 조만간 인구절벽이 예상된다고 하는데 심각한 문제가 아닐 수 없다. 왜 사람들이 아이를 안 낳으려고 할까? 로직 트리를 이용해 원인을 찾기에 앞서 가설을 한번 생각해보자.

가장 먼저 떠오르는 가설은 아이를 키우는 데 들어가는 비용이 너무 많아서 경제적으로 힘들다는 것이다. 또 다른 가설은 아이를 낳아도 마음 놓고 키우기 어렵다는 환경적 문제다. 유치원에 아이를 데려다주고 데려오는 시간이 출퇴근 시간과 다르고, 누군가 돌봐줄 사람을 구하기도 쉽지 않다. 또 없을까?

요즘 젊은 사람들의 생각을 들어보면 아이를 키우기 힘들어서 안 낳겠다는 경우도 많지만, 아이가 태어나 자라날 환경이 지나치게 열악한 것을 중요한 이유로 든다. 정치, 경제, 사회, 문화적으로 개선해야 할 점이 많은 나라에서 아이를 키우기 싫다는 것이다. 이는 앞의 2가지 가설과는 전혀 다른 것으로, 아이를 키우는 입장이 아니라 아이의 입장이 되어 생각한 것이다.

따라서 출산율이 저하되는 원인을 근본적으로 밝혀내려면 아이를 키우는 입장과 아이의 입장 모두 고려하지 않으면 안 되며 이것이 레벨 1의 요소가 되어야 한다. 아이를 키우는 입장에서는 경제적인 이유와 환경적인 이유가 출산을 꺼리는 요소가 될 것이다. 이것이 레벨 2의 요인들이다. 아이의 입장에서 보면 교육 환경에서의 경쟁, 취업 걱정, 고용 불안, 경제적 불안 등 성장 단계에 따라 다양한 요소들이 있다. 따라서 레벨 2에서는 성인 이전과 이후의 어려움으로 구분하는 것이 바람직하다. 그런 다음 레벨 3에서 하나씩 세분화해나가면 된다. 이렇게 정리한 내용이 다음의 그림이다.

이렇게 로직 트리를 이용해 문제를 구조화하다 보면 또 다른 가설

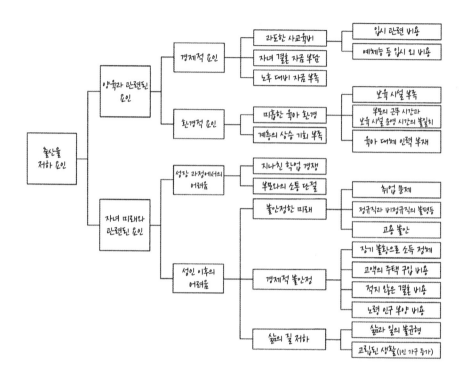

이 있을 수 있음을 알게 된다. 즉 젊은 사람들은 한국에서 살아가는 것이 너무 힘들고, 자식들에게는 이런 환경에서 살아가는 고통을 물려주고 싶지 않다는 것이다. 이런 가설은 머릿속에 떠오르는 생각만으로는 쉽사리 도출해내기 어렵다. 시각적으로 분명하게 확인할 수 있는 로직 트리를 통해 각각의 요소를 단계별로 분석하고 구조화함으로써 뚜렷하고 확실한 가설을 도출해낼 수 있는 것이다.

정리하자면 출산율이 저하되는 이유는 다음과 같다.

· 가설 1

아이를 키우는 데 들어가는 비용이 너무 많아 경제적으로 힘들고 노후를 대비하기 힘들다.

· 가설 2

아이를 마음 놓고 키울 수 있는 환경이 아니라서 고생하고 싶지 않기 때문에 낳지 않는다.

· 가설 3

젊은 사람들은 자신의 고생을 자식들에게 물려주고 싶지 않아 애를 낳길 꺼린다.

가설을 도출하는 이유는 그 가설을 해결하면 문제가 해결될 수 있을 것이라 보기 때문이다.

가설 1은 경제적인 문제이므로 자녀 양육 과정에서 발생할 수 있는 경제적 문제를 해결해주어야 한다. 출산장려금 또는 육아비용 등을 지원해주는 정책이 따라야 한다. 지금의 지원 제도에서 나오는 지원금은 턱없이 부족하지만 어쨌거나 그런 정책들은 가설 1을 기반으로 한 것이라 볼 수 있다.

가설 2는 환경적인 문제이므로 보다 근본적인 대책이 필요하다. 부모가 마음 놓고 경제활동에 전념할 수 있도록 육아 시설을 늘리고 보육 환경을 개선해야 하며, 출산 여성의 경력 단절에 대한 보완책이 필요하다.

가설 3은 바닥부터 뒤엎지 않으면 안 되는 문제다. 정치적 후진성

탈피, 혁신적 경제성장의 돌파구 확보, 안정적인 삶의 질 보장, 부의 양극화와 지나친 경쟁 탈피 등 환골탈태의 노력이 따라야 한다.

이렇듯 가설을 어떻게 세우느냐에 따라 해결책이 달라진다. 결국 생각을 어떻게 확산해나가느냐에 따라 문제의 근본 원인도, 해결책도 달라질 수 있다.

로직 트리는 생각을 폭넓고 깊이 있게 하기 위한 도구이자 기술이다. 도구나 기술은 쓸수록 실력이 향상될 수 있다. 자전거를 처음 배울 때는 넘어지기도 하고 비틀거리기도 하지만 탈수록 실력이 느는 것처럼 로직 트리도 처음 활용할 때는 어색하고 힘이 들 수밖에 없다. 하지만 점점 더 요령을 터득하고 손에 익으면 이것만큼 파워풀한 도구가 없음을 알게 될 것이다. 자주 활용해서 이 강력한 도구를 내 것으로 만들어보자.

반드시 생각의 흐름을 점검한다

내가 그린 로직 트리가 제대로 그려진 것인지 검증해볼 수 있는 방법은 없을까? 당연히 로직 트리를 그리고 나면 논리적으로 문제없이 잘 전개됐는지 검증해야 한다. 한 가지 방법은 뒤에서부터 앞으로 올라가면서 자연스럽게 연결되는지를 보는 것이다.

앞서 점심시간에 붐비는 식당의 성공 요인을 로직 트리로 분석했다.
그중 하나만 떼어서 살펴보자.

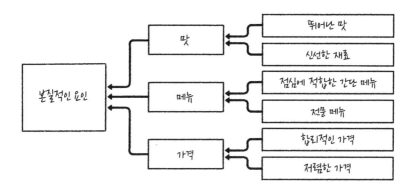

로직 트리의 인과관계 점검

본질적인 요인으로 맛과 메뉴, 가격을 꼽았고 맛은 다시 뛰어난 맛
과 신선한 재료를 꼽았다. 메뉴는 점심에 적합한 간단 메뉴, 전문 메뉴
로 구분했다. 가격은 다소 비싸더라도 메뉴에 적합한지 여부를 따지는
합리적인 가격과 저렴한 가격으로 구분했다.

이제 뒤에서부터 거슬러 올라가보자. 뛰어난 맛과 신선한 재료는 음
식의 맛을 좋게 만들어주는 요인인가? 크게 무리가 없을 것 같다. 점
심에 적합한 메뉴 구성이나 전문 메뉴는 마음에 드는 메뉴라는 원인
이 될 수 있는가? 합리적인 가격과 저렴한 가격은 가격 경쟁력이 될
수 있는가? 다시 좋은 맛과 마음에 드는 메뉴, 경쟁력 있는 가격은 식

당이 붐비는 본질적인 요인이 될 수 있는가? 이렇게 뒤에서 앞으로 진행하면서 원인과 결과가 자연스러운지 살펴보고 크게 어색하지 않다면 잘 그려졌다고 볼 수 있다.

지금까지 사고의 기본 원칙인 MECE와 구조화, 로직 트리의 개념에 대해 살펴봤다. 가장 중요한 것은 로직 트리이고 MECE와 구조화는 로직 트리를 작성하기 위해 갖춰야 할 사고의 기본 개념이라고 이해하면 좋을 것이다.

이런 도구들은 앞서도 잠시 언급했지만 자전거 타기나 수영하기와 다를 바 없다. 자전거를 잘 타거나 수영을 잘하기 위해서는 끊임없이 연습을 해야 한다. 아무리 열심히 이론을 배워도 자전거를 능숙하게 타거나 수영을 자신 있게 할 수 없다. 마찬가지로 로직 트리도 많이 연습해봐야 한다. 로직 트리를 사용하는 것이 익숙해지면 아무리 크고 복잡한 문제도 그리 어렵지 않게 구조화할 수 있다. 인과관계를 따져가며 생각을 뻗어나가고, 그 안에서 핵심 원인을 찾을 수 있다.

챕터 1에서도 언급했지만, 논리는 현상으로부터 타당한 결론에 도달할 수 있도록 징검다리를 놓는 것이나 마찬가지다. 징검다리가 자연스럽게 연결되면 현상에서 결론에 이르는 것이 어색하게 느껴지지 않지만, 부자연스럽게 연결되거나 군데군데 돌이 빠지면 현상에서 결론에 이르는 것이 어색하게 여겨진다. 따라서 반복적인 연습과 훈련을 통해 로직 트리를 자연스럽게 사용할 수 있도록 익히는 노력이 필요하다.

지금껏 보지 못한 것을
제안하라

홍콩은 5월부터 9월 사이에 우기가 시작되고 태풍이 올 확률도 높다고 한다. 비가 자주 내리다 보니 그 기간에는 홍콩 사람들의 표정도 다른 계절에 비해 상대적으로 어두워진다. 햇빛이 있어야 뇌 속에서 세로토닌이 형성되어 감정이 고조될 수 있는데 연일 비가 내리다 보니 마음이 가라앉고 우울증까지 생기는 것이다. 그런데 같은 시기에 홍콩과 가까운 필리핀의 날씨는 아주 화창하고 좋아 휴양을 하기에 최적이라고 한다. 장마로 우울해져 있는 홍콩 사람들에게 가까운 필리핀으로 여행을 오라고 홍보하려면 어떻게 하는 게 좋을까?

이 문제에 대해 많은 사람들은 텔레비전이나 신문 등을 통해 필리핀으로 여행을 오라고 광고하거나 온라인을 통해 홍보하는 안을 떠올린다. 하지만 그렇게 평범한 방법으로는 기대만큼 효과를 거두기 어렵다. 새로운 생각, 다른 사람들이 하지 않았던 시도를 해보는 것이 때로는 효과를 거둘 수도 있다.

필리핀 최고의 항공사인 세부 퍼시픽Cebu Pacific은 오랜 장마로 우울해진 홍콩 사람들에게 화창한 필리핀의 날씨를 알림으로써 그들을 필리핀으로 여행하도록 유도하고자 했다. '필리핀 날씨 끝내줘요'It's sunny in the Philippines라는 슬로건 아래 세부 퍼시픽은 홍콩 사람들을 위한 광고를 기획했다. 바로 장마가 시작되기 전 방수 스프레이로 길바닥에 로고를 새겨 넣은 것이다. 비가 오기 전에는 드러나지 않던 로고가 비가 내리기 시작하자 선명하게 드러나기 시작했다. 길을 가던 홍콩 사람들은 그 로고를 살펴보기 위해 가던 길을 멈췄고, 로고에 스마트폰을 가져다대자 QR 코드가 인식돼 자동으로 세부 퍼시픽의 홈페이지로 연결되었다. 그리고 이렇게 접속한 사람들에게는 할인 티켓이 제공됐다. 이 홍보의 결과 세부 퍼시픽의 온라인 예약은 무려 37퍼센트나 증가했다.

다시, 기획의 의미를 생각하다

기획이 어려운 첫 번째 이유는 상사의 의도 파악이 쉽지 않기 때문이고, 두 번째는 문제 정의가 어렵기 때문이다. 세 번째는 창의적인 대안을 제시해야 하는 게 어렵다. 문제를 해결하는 데 필요한 사고력에는 논리력, 비판력, 창의력 등이 있는데 많은 이들이 창의력에 대해 자

신을 드러내려고 하지 않는다. 튀지 않는 게 미덕으로 여겨지는 우리 사회에서는 창의적 사고를 안으로 꾹꾹 누른다.

창의적인 사고는 기획 업무를 하는 데 있어 필수불가결한 핵심 역량 중 하나다. 앞서 성공한 기획의 특징 중 하나가 혁신적이거나 창의적이거나 기존의 제품 및 서비스와 차별화된 것이라고 했다. 뭔가 기존의 것과 다르지 않고서는 기획은 성공할 수 없다. 이쯤 해서 기획의 정의에 대해 살펴보고 넘어가도록 하자.

기획이란 무엇일까? '여행을 기획하다'가 맞을까, 아니면 '여행을 계획하다'가 맞을까? 이 질문을 던지면 대다수는 '여행을 계획하다'가 맞다고 단정적으로 말한다. 하지만 만일 내가 일하는 회사가 여행사라면 어떨까? 지금까지는 주로 일본과 중국 여행 등의 제한적인 상품만 다뤄왔는데 이번에 동남아 전체로 여행 상품을 확대하려고 한다면 그건 기획일까, 계획일까? 기존에 없던 상품을 새롭게 만들어내는 것이므로 기획이라고 해야 맞다.

만일 부모님의 팔순을 맞아 가족끼리 해외여행을 한다고 하면 그것은 계획일까, 기획일까? 그런 경우 기획과 계획이 혼합되어 있다고 봐야 한다. 힘들게 여기저기 돌아다니지 않고 한곳에서 편안하게 가족끼리 오붓한 시간을 보내다 올지, 유명 관광지를 다 함께 둘러보는 것으로 일정을 정할지, 아니면 맛있는 음식을 실컷 먹고 올 것인지 방향이나 콘셉트를 확정하는 일은 기획이다. 그렇게 방향이 잡히고 나면 언제, 어디로, 어떤 일정으로, 누가 갈 것이고 준비는 어떻게 할 것이며,

경비는 어떻게 마련할 것인지 등 구체적인 내용을 정하는 것은 계획이라고 할 수 있다. 따라서 '여행을 기획하다'와 '여행을 계획하다'는 모두 맞는 말이지만 상황에 따라 다르게 사용해야 한다.

그렇다면 '사업을 기획하다'가 맞을까, '사업을 계획하다'가 맞을까? 이 질문에도 많은 사람들이 헷갈려 한다. 이 질문에는 대다수가 '사업을 기획하다'가 맞다고 대답한다. 하지만 우리가 직장 생활을 하는 동안 '사업을 기획'하는 일보다는 '사업을 계획'하는 일이 더 많다. 매년 연말이 되면 차년도 사업을 어떻게 운영해나갈지 구체적인 과제와 비용, 인원을 배분하는 일은 사업 계획이다. 사업 기획은 이전에 하지 않았던 새로운 사업을 시행하는 일이다.

이렇게 보면 기획과 계획은 그 의미가 다르다는 것을 알 수 있다. 기획은 기존에 존재하지 않았던 새로운 것을 만들어낸다. 무엇을, 왜 해야 하는지 명확화하고 목표를 설정하는 일이라 할 수 있다. 그래서 'Why'나 'What'이 중요하다. 반면에 계획은 기획을 통해 명확히 설정된 방향에 따라 구체적으로 해야 할 일을 정비하고 준비하는 일이다. 목표를 달성할 수 있는 방법을 구체화해야 하므로 'How'가 더 중요하다. 계획은 영어로 plan이다. 기획은 plan을 준비하는 단계이기 때문에 진행형 접미사 '-ing'를 붙여 planning이라고 한다.

짧게 요약하면 기획은 새로운 아이디어를 제안하고 실행해나가는 과정이라고 할 수 있다. 하지만 이런 정의에는 뭔가 중요한 것이 빠져 있다. 기획이 단순히 새로운 아이디어를 제안하고 실행해나가는 것일까? 기획은 실행하기 전과 실행하고 난 후가 반드시 달라져야 한다. 즉 가치가 높아져야 한다. 만일 기획 이후에도 가치가 높아지지 않고 그대로 있거나 오히려 하락했다면 이는 실패한 기획이다.

> **기획이란 (조직이나 개인의) 가치 증대를 위해 새로운 아이디어를 제안하고 실행하는 것이다.**

이것이 기획에 대한 올바른 정의다. 반드시 가치가 증대되어야 한다는 문구가 들어가야 한다. 기업의 입장에서는 조직의 가치가 될 것이고, 개인이라면 개인의 가치가 될 것이다.

시도했을 때 가치가 바뀌는 기획이 필요하다

2016년 전 세계 사람들의 이목을 집중시킨 대형 이벤트가 우리나라에서 열렸다. 딥러닝deep learning으로 무장한 인공지능 프로그램 알파고와 세계적인 바둑 기사 이세돌 간의 바둑대국이다. 체스에 비해 바둑은 경우의 수가 어마어마하게 많아 과연 인공지능이 사람을 이길지 전 세계인이 관심을 갖고 대국을 지켜봤다. 그러나 이세돌은 첫판부터 코너에 몰리기 시작했고, 어렵사리 변칙 수를 놓음으로써 총 5번

의 대국 중 한 번 승리를 거두는 데 만족해야 했다.

구글이 기획한 이 세계적인 이벤트가 끝난 후 2가지 큰 변화가 있었다. 하나는 인공지능에 대해 세계인의 관심이 집중되었고 투자가 봇물 터지듯 일어났다는 것이다. 그전까지만 해도 인공지능에 대한 평가는 그리 높지 않았지만 이제는 머신러닝이나 딥러닝으로 무장한 인공지능의 발전 가능성이 무궁무진하다는 것을 전 세계가 알게 되었고 기계에 대한 두려움을 느끼는 사람들까지 등장했다.

다른 하나는 구글의 기업가치가 천문학적으로 수직 상승했다는 것이다. 알파고와 이세돌의 대결 이후 구글의 시장가치는 무려 58조 원이나 상승했다. 이전까지만 해도 사람들은 구글이 로봇과 인공지능 개발에 집중하는 것을 알고 있었지만 그 수준에 의문을 품었다. 하지만 알파고와 이세돌의 대결 이후 세상에서 가장 첨단 기술을 보유한 회사로 인식하게 되었고 이에 따라 구글에 투자하기 시작했던 것이다.

이처럼 성공한 기획은 이전에 비해 조직의 가치를 수직으로 상승시킨다. '마켓 컬리'나 '카카오뱅크', 'LG스타일러' 등은 성공적인 기획으로 기업을 바라보는 외부의 시선을 긍정적으로 바꾸었고 시장에서의 가치도 폭발적으로 증가했다. 반대로 실패한 기획은 기업의 가치를 깎아내린다. 녹용을 섞은 커피, 인공향료를 가미한 치킨, 품질보다 마케팅에만 열을 올린 신발, 맛보다 외형적 성장에 치우쳐 비싼 가격을 받았던 대형 커피 체인점 등은 기획 이전에 비해 기업가치가 하락했으며 심지어는 존재 자체가 사라진 경우도 있다.

개인의 경우도 마찬가지다. 친구, 연인, 가족과의 기념일이나 이벤트는 그것을 실행하기 이전과 이후가 달라지기를 기대하고 준비한다. 이벤트를 통해 서로 마음을 나누고 관계를 더욱 돈독히 한다면 이는 가치가 상승하는 일이라고 할 수 있다.

이처럼 기획은 시도하기 전과 후의 가치가 분명히 달라져야 한다. 누구나 똑같이 하는 것을 따라 해서는 고객의 관심을 끌 수 없고 변화를 이끌어낼 수 없다. 음식 배달 사업에 새로 뛰어들면서 기존에 존재하던 업체들과 똑같은 방식으로 해서는 고객의 관심을 끌 수 없다. 남들이 하지 않던 사업을 최초로 시도하거나 기존에 존재하던 제품이나 서비스와 차별화되는 가치를 제공하거나 사업의 패러다임을 바꿀 정도로 획기적인 변화가 있어야만 한다. 그래서 기획 과정에서 만들어지는 해결책은 혁신적이거나 창의적이거나 어떤 형태로든 차별화되어야만 하는 것이다. 물론 그 차별화의 방향이 본질을 거스르거나 본질에서 벗어나면 안 되지만 말이다.

아쉽게도 차별화된 아이디어라는 것이 말로는 쉽지만 막상 구상해보면 쉽게 떠오르지 않는다. 가장 좋은 방법은 끊임없이 고민하는 것이다. 문제 해결에 대한 나의 지론은 '고민의 깊이만큼 해결책의 질이 달라진다'는 것이다. 하지만 그것만으로는 충분하지 않다. 무턱대고 고민만 한다고 해서 해결책이 나오는 것은 아니니 말이다. 이번 챕터에서는 창의적인 대안을 도출하는 방법에 대해 살펴볼 것이다. 창의적인 사고를 위한 도구보다는 습관이나 자세 측면을 이야기하고자 한다.

습관 1. 다른 관점에서 본다

창의적인 사고를 위해서는 먼저 기존의 관점을 버리고 새로운 관점에서 문제를 바라보려고 해야 한다. 이는 창의적인 사고를 말하는 사람들이 빼놓지 않고 말하는 것 중 하나다.

인간의 뇌는 무척 편향적이다. 무게로 치면 약 1,400그램 정도 되니 몸무게에서 차지하는 비중은 불과 2퍼센트 정도밖에 안 된다. 하지만 이 작은 기관이 몸 전체에서 필요로 하는 에너지의 20퍼센트를 소모한다. 에너지 몬스터인 셈이다. 그렇다 보니 뇌는 평소 에너지 소모를 최소화할 길을 찾곤 하는데 그중 하나가 익숙한 대로 사고하고 행동하는 것이다. 이로 인해 생기는 것이 선입견과 편견이다. 이것은 이미 내가 가지고 있는 사고의 패턴이므로 에너지를 적게 들이고도 생각을 할 수 있다.

이 때문에 뇌는 보고 싶은 것만 보고, 보고 싶지 않은 것은 차단하며 세상을 해석한다. 동일한 장소에서 동일한 풍경을 봐도 평소 어떤 관점에서 사물을 바라보느냐에 따라 기억하는 것이 모두 다르다. 자신이 지지하는 정당이 하는 일은 모두 옳고, 자신이 싫어하는 정당이 하는 일은 모두 잘못된 것으로 본다. 평소 호감을 가지고 있던 연예인이 실수했을 때는 쉽게 용서받길 바라지만, 주는 것 없이 얄밉게 느껴졌던 연예인이 잘못하면 퇴출을 부르짖는다. 이런 행동은 모두 개인의 내면에 있는 편견과 선입견에서 나온다. 여기에 휘둘리지 않으려면 사물을 다양한 방법으로 봐야 한다. 다양한 관점을 사용할 때 창의적인 생각을 할 수 있고 새로운 아이디어를 떠올릴 가능성이 커진다.

혹시 암산으로 두 자릿수의 곱셈을 할 수 있을까? 한번 테스트해보자. 19 곱하기 19는 얼마일까? 이 문제를 내면 대부분의 사람들이 금방 포기하고 만다. 9 곱하기 9는 81이고, 1 곱하기 9는 9니까 8을 더하면 17…. 이런 식으로 시도하다가 그만 두 손 두 발 다 들고 만다. 하지만 관점을 바꿔서 보면 이 문제는 5초도 안 되어 답을 구할 수 있다. 즉 19 곱하기 19는 19 곱하기 20에서 19를 뺀 것과 같다.

$$19 \times 19 = (19 \times 20) - 19$$

19 곱하기 20은 생각할 것도 없이 380이고 거기서 19를 빼면 답은 361이 된다. 우리가 평소 알고 있던 곱셈 방법으로는 쉽사리 문제가 풀리지 않는다. 하지만 조금만 접근 방법을 바꿔보면 손쉽게 답을 얻을 수 있다.

그렇다면 25 곱하기 37도 할 수 있을까? 이것 역시 '$(25 \times 30) + (25 \times 7)$'의 방식으로 접근하면 750 더하기 175이므로 답은 925임을 알 수 있다. 강의실에서 이 문제를 내면 반 정도는 포기하는 반면 반 정도는 정확히 답을 맞힌다. 자신의 관점을 고수하는 사람과 새로운 관점에서 바라본 사람의 차이가 드러나는 것이다.

다음 그림을 보자. 이 그림은 너무나 유명해서 한 번쯤을 봤을 것이다. 그림이 무슨 글자로 보이는가?

이 그림을 보면 대부분은 'Good'이라고 읽는다. 하지만 검은색으로 쓰인 글씨를 봤을 때 그렇고, 검은색 안의 흰색으로 쓰인 글씨를 읽으면 'EVIL'이 된다. 한 그림 안에 선과 악이 공존하고 있는 것이다. 어느 쪽으로 볼 것인가? 한쪽만 봐서는 안 된다. 어느 한쪽으로 치우치지 않고 상반된 관점을 모두 볼 수 있어야 창의적인 아이디어를 떠올릴 수 있다.

때로는 결정적인 단서가 될 수 있고 혁신적인 아이디어로 이어질 수 있음에도 불구하고 너무 주어진 문제에 매몰되어 볼 수 없는 경우도 있다. 특히 문제를 해결하는 접근 방식이나 관점이 고정돼 있을수록 그렇다.

피카소는 입체파라는 독특한 화풍을 만들어 생전에 가장 많은 돈을 번 화가 중 한 명이다. 그가 자신만의 독특한 화풍을 만들어내기 이전의 화풍은 인상주의였다. 사물이 빛에 보이는 그대로의 모습을 사실적으로 그리는 것을 말하는데, 모든 화가가 이렇게 고정된 사조에 물들어 있을 때 피카소는 사물의 옆이나 뒤 같은 보이지 않는 측면을 그림으로써 입체파라는 독특한 화풍을 만들어냈다.

물체를 바라볼 때 지나치게 가까이 가면 세부적인 것만 보이고, 멀리 물러나면 대략적인 사항만 보인다. 문제에만 너무 집중하면 해결에 단서가 될 수 있는 정보들이 보이지 않을 수 있으므로 보다 넓은 관점에서 문제를 바라보는 것이 필요하다. 따라서 기획자는 늘 자신의 생각에 의문을 가져야 한다. 기획 일을 오래하면 할수록 자신의 패턴에 묶여 새로운 것을 볼 수 없는 가능성이 커진다. 아이디어가 바닥난다기보다는 관점이 제한되어 있다 보니 아이디어도 그렇게 도출될 수 있다는 것이다. 늘 인식의 전환을 통해 다양한 관점에서 문제를 바라볼 필요가 있다.

특히 자신이 틀릴 수도 있다는 사고의 유연함이 필요하다. 우리가 가장 어려워하는 것 중 하나가 자신의 잘못을 인정하는 것이다. 사람이란 본디 완벽한 존재가 아니다. 누구도 절대적으로 옳을 순 없다. 맥락에 따라, 상황에 따라 옳은 것은 달라질 수 있다. 때로 내가 하는 생각도 옳지 않을 수 있다. 이걸 받아들일 수 있어야 한다. 자신이 옳지 않을 수 있음을 받아들이면 다른 사람의 의견에도 귀를 기울이고 보다 다양한 관점에서 사물을 바라볼 수 있게 된다. 관점을 바꿔 보는 것, 이것이 창의적 사고를 위한 첫 번째 습관이다.

습관 2. 뻔하게 보이는 것에서 벗어난다

두 번째는 기존의 상상력을 뛰어넘으려고 노력하는 것이다. 하나 마나 한 이야기인 것 같지만 상당수 사람들은 기존의 상상력의 한계를 벗어나지 못한다. 뻔하다고 하면서 뻔한 구덩이를 못 벗어나는 것이다. 아네트 카밀로프 스미스Annette Karmiloff-Smith 교수는 한 가지 재미있는 실험을 했다. 실험에 참가한 어린이들에게 지금까지 한 번도 본적 없고 들은 적도 없는, 실존하지 않는 생명체를 최대한 상상력을 발휘해서 그려보라고 요청한 것이다. 어린이들에게 이런 과제를 내주자 오른쪽 그림과 같은 그림들을 그렸다.

이 실험을 강의실에서 하면 상당수가 그림을 그리는 것은커녕 시작도 못 하고 애를 먹는다. 상상력을 발휘하는 게 그만큼 어렵다. 더 중요한 사실은 애써 그린 그림이 자세히 보면 기존에 실존하는 생명체의 속성을 벗어나지 못한다는 것이다. 오른쪽 그림을 보면 최대한 상상력을 발휘해서 그린 그림임에도 불구하고 모두 어디선가 본 것 같지 않은가? 좌우 대칭 구조를 가졌거나 위쪽에는 두뇌, 아래쪽에는 팔다리가 달려 있거나 머리 위에 더듬이나 뿔 같은 감각기관이 있거나 촉수 같은 것들이 있다.

이 실험이 우리에게 말해주는 것은 무엇일까? 아무리 우리가 새로운 아이디어를 떠올리려고 해도 우리의 생각은 이미 구조화되어 있거

상상력 그림

나 전형적인 개념에 사로잡혀 있다는 것이다. 구조화된 상상력이란 말은 다리가 4개 있고 빠른 것처럼 기존의 개념이나 범주, 고정관념에 따라 새로운 사물도 근접해가는 것을 말한다. 이미 이런 것은 이렇고 저런 것은 저렇다고 머릿속에서 구조에 대한 틀이 잡혀 있기에 이를 벗어나기는 쉽지 않다.

혁신이 얼마나 어려운 것인지 다른 예를 들어보자. 현재 기차의 선로 폭은 1.45미터다. 왜 애매하게 1.45미터일까? 바로 로마 시대 마차의 바퀴 폭이 1.45미터였기 때문이다. 로마 시대가 끝난 지 2,000년 이상이 지났지만 그때 만들어진 마차의 바퀴 폭이 지금까지 살아남아 사람들의 머릿속을 지배하고 있는 것이다. 우주에 쏘아 보내는 로켓의 지름도 이와 관련되어 있다. 초창기에는 로켓을 발사 장소까지 실어 나를 수 있는 수단이 열차밖에 없었으므로 열차 궤도의 폭에 맞추어 로켓을 제작할 수밖에 없었다고 한다. 이제는 다른 수단들을 강구할 수 있는 시대가 되었지만 로켓의 폭은 여전히 과거의 모습에서 달라지지 않았다.

그러니 기존의 상상력에서 벗어난다는 것이 얼마나 어려운 일일까? 뒤집어 생각하면 그만큼 자신의 생각을 의심해보지 않으면 안 된다는 말이다. 아무리 혁신적이고 창의적인 사고를 외친다고 해도 우리는 성장 과정을 거치고 직장 생활을 하는 동안 꾸준히 세뇌돼왔다. 그것들은 우리의 상상력에 알게 모르게 울타리를 치고 창의적인 생각이 들어오지 못하게 막고 있다.

자신이 알고 있는 것이 모두 정답일 수는 없다. 특히 직장에서의 의사결정은 자신의 생각이 반드시 옳은 것일 수 없다. 점착력이 떨어지는 접착제 때문에 포스트잇이 발명된 것처럼, 때로는 옳지 않다고 여겼던 것도 답이 될 수 있고 별것 아니라고 생각했던 것이 혁신으로 이어질 수 있다. 그러므로 늘, 끝없이 의심해야 한다. 자신이 알고 있는 것에 대해 '이것이 아닐지도 몰라' 하며 의문을 제기하고 새로운 아이디어를 떠올리려고 노력해야 한다.

습관 3. 익숙한 것을 낯설게 여긴다

창의적 사고를 기르기 위한 세 번째 습관은 익숙한 것과 낯선 것을 의도적으로 바꿔서 보는 것이다. 낯익은 환경을 평소와 다른 시각으로 바라보게 되면 지금까지와는 달리 당연하지 않은 세계를 발견할 수 있다. 어딘가 처음 간 곳에서 언젠가 와본 것 같은 느낌을 받는 것을 데자뷰dé jà vu, 즉 기시감旣視感이라고 한다. 이를 뒤집어 익숙한 상황을 낯설게 보는 것을 뷰자데vu jà dé, 즉 신시감新視感이라고 한다. 일반적인 용어는 아니고 스탠퍼드대학교의 로버트 서튼Robert Sutton 교수가 만들어《역발상의 법칙》이라는 책에서 소개한 것이다.

익숙한 상황이 반복되면 그 안에서 행동이 고착화되고, 행동이 고착화되면 사고도 고착화된다. 고착화된 사고는 덫에 걸려 있거나 함정에 빠져 있는 것과 다를 바 없다. 아무것도 할 수 없다. 여기서 벗어나려면 익숙한 것을 낯설게 바라보는 연습이 필요하다. 우리가 다니는 회사, 근무하는 사무실, 하는 일 등은 모두 낯익은 것이다. 익숙한 환경에서 익숙한 일을 하는 동안에는 사고가 굳어져 새로운 생각을 떠올리기 어려워진다. 그러나 평소와 다른 시각으로 바라보면 무심코 넘긴 것을 새로운 시각으로 볼 수 있게 된다. 그래야 당연하지 않은 세계 속에서 혁신적인 아이디어를 도출할 수 있다.

회사에서 하는 일을 나타낼 수 있는 핵심 키워드를 5개 선정해보자.

그리고 그 키워드를 이용해 회사의 '업'業을 정의해본다. 예를 들어 자동차 회사라면 핵심 키워드는 '자동차', '운송수단', '편리', '시간 단축', '삶의 질 향상' 등이 될 수 있다. 이것을 연결해 문장을 만들면 '우리 회사는 자동차 같은 운송수단을 만듦으로써 먼 거리의 공간을 편리하게 이동하고 시간을 단축시켜 삶의 질을 높이는 데 기여한다'라고 할 수 있다.

그런데 '자동차', '운송수단', '편리', '시간 단축', '삶의 질 향상' 같은 키워드는 회사 내에서 아주 친숙하고 익숙하게 듣는 용어들이다. 이런 단어에서는 새로움을 느끼기 어렵고 혁신적인 사고를 떠올리기 어렵다. 그렇다면 이제 이 키워드들을 모두 빼고 회사의 업을 다시 한번 정의해보자. 자동차나 운송수단 같은 핵심 단어를 빼고 자동차 회사에서 하는 일을 정의할 수 있을까?

'우리 회사는 먼 거리의 공간을 손쉽고 안전하게 이동할 수 있는 수단을 제공함으로써 사람들에게 시간적 여유를 제공하는 데 기여한다.'

앞에서 정의한 내용과 뒤에서 정의한 내용이 같은 의미로 다가오는가? 앞의 내용에 비해 뒤에 다시 정의한 내용이 보다 포괄적이고 두루뭉술하게 느껴진다. 두루뭉술하다는 것은 새로운 기회에 대해 상대적으로 많이 열려 있다는 것을 의미하기도 한다. 굳이 자동차가 아니더라도 공간을 안전하고 손쉽게 이동할 수 있는 수단, 사람들에게 시간적 여유를 제공할 수 있는 수단이라면 무엇이 되었든 가능하다는 것이다. 기존에 '자동차'라는 키워드에 얽매여 보지 못했던 새로운 세상을 볼 수 있는 기회의 창이 열린 셈이다.

이처럼 낯익은 것을 낯선 시각으로 보면 그동안 볼 수 없었던 새로운 세상을 볼 수 있다. 이것이 창의적 사고를 하기 위한 세 번째 습관이다.

습관 4. 거침없이 모방하고 빌려온다

네 번째는 모방하고 빌려오는 것이다. 인간은 본디 무無에서 유有를 만들어낼 수 있는 존재가 아니다. 뭔가 기본적인 재료가 있어야 그것을 바탕으로 새로운 것을 창출할 수 있다.

자동차 바퀴를 예로 들어보자. 바퀴는 인간이 만들어낸 가장 뛰어난 발명품이자 인류 문명의 발전에 혁혁한 공을 세운 것 중 하나다. 그런데 이 바퀴가 어느 날 하늘에서 뚝 떨어지듯 하루아침에 만들어졌을까? 아마도 누군가가 산에서 굴러 내려오는 돌덩이를 보고 아이디어를 떠올렸을 것이다. 처음에는 네모난 돌을 굴리다 그것이 마모되면서 둥글수록 잘 구른다는 사실을 알게 되었을 것이다. 이후 나무를 깎아서 굴리면 훨씬 가볍다는 사실을 알게 됐을 것이며, 나무가 쉽게 갈라지지 않도록 철테를 두르게 되었고, 고무가 발견된 뒤로는 고무를 씌웠다가 최종적으로 지금과 같은 형태로 발전되었을 것이다.

이처럼 인간의 특성은 기본적인 재료를 바탕으로 새로운 것을 창출할 수 있다. 기존에 존재하는 것들을 따라 하고 모방하다 보면 경험들이 축적되어 창조의 역량이 발휘될 수 있다. 월마트를 창립한 샘 월튼은 "내가 한 일의 대부분은 남이 한 일을 모방한 것이다."라고 했고 피카소는 "좋은 예술가는 모방하고, 위대한 예술가는 훔친다."고 했다. 실제로 피카소가 그린 〈아비뇽의 처녀들〉은 세잔의 〈목욕하는 여인들〉의 구도를 모방한 것으로 알려져 있다.

주의해야 할 점은 모방이라고 해서 무조건 베껴서는 안 된다는 점이다. 기존의 사물이나 현상에서 아이디어만 빌려오는 것이 모방이며 그 대상은 가급적 멀리 있는 산업일수록 좋다. 애플과 삼성처럼 경쟁자의 제품을 모방하면 늘 특허 소송에 시달릴 수 있다. 그러나 자신이 속한 산업과 관련 없는 먼 산업으로부터 아이디어를 빌려오면 창의적이라는 이야기를 들을 수 있다.

예를 들어 전동칫솔은 자동차 세차 장치에서 아이디어를 얻은 것이다. 일본의 신칸센 앞머리는 물 밖에 있다가 빠르게 물속으로 잠수해 물고기를 낚아채는 물총새의 부리 모양을 본떠 만들었다고 한다. 컴퓨터에 사용하는 마우스는 제록스가 쓰던 장비를 스티브 잡스가 빌려온 것이며, 빌 게이츠를 세계 최고의 부자로 만들어준 윈도우는 이미 매킨토시에 적용되고 있던 것이다.

이처럼 우리가 속한 산업과 관련성이 적은 분야에서 아이디어를 가져오면 창의적인 것으로 인정받을 수 있다. 그러므로 모방하고 빌려오

는 것을 주저해서는 안 된다. 모방의 습관이 축적되다 보면 창의적인
아이디어를 자연스럽게 떠올릴 수 있다.

습관 5. 무관한 것들을 자유자재로 연결한다

창의적 사고를 높일 수 있는 다섯 번째 습관은 유추analogy를 잘 활
용하는 것이다. 유추는 하나의 문제나 상황에서 주어진 정보를 유사한
다른 문제 또는 상황에 전이해 적용하는 것을 말한다.

2010년에 세리CEOsericeo에서 460명의 CEO들을 대상으로 한
가지 질문을 했다. 경영자의 경험에 비춰 볼 때 회사 경영에 가장 큰
도움이 되는 습관이 무엇인가라는 것이었다. 이 질문에 CEO 33.9퍼
센트가 유추를 1위로 꼽았다. 서로 무관해 보이는 다양한 아이디어들
을 유사성을 바탕으로 능수능란하게 연결하는 것이 창조적인 사고에
가장 중요하다고 여긴 것이다. 유추 능력이 뛰어날수록 복잡하고 어려
운 문제를 쉽게 풀 수 있다.

기존에 없던 새로운 것을 만들어내려면 이미 알고 있는 과거의 경
험과 지식을 활용하지 않으면 안 된다. 즉 각자가 보유한 지식을 어떻
게 활용하느냐에 따라 창의성의 발현이 달라진다. 따라서 유추를 잘하
기 위해서는 다양한 분야에서 폭넓고 깊이 있는 지식이 필요하다. 내

가 하는 일이 자동차와 관련된 분야라고 해서 자동차 분야의 공부만 하고, 자동차 분야의 사람들만 만나고, 자동차 분야의 세미나나 전시회만 가면 시간이 지날수록 아이디어는 점차 고갈되고 만다. 낯선 분야에서 낯선 사람들과 어울릴 때 섬광처럼 좋은 아이디어가 떠오를 수 있다.

방탄복은 거미줄에서 유추된 발명품이다. 거미줄은 곤충이 달라붙었을 때 뚫리면 안 된다. 그리고 곤충이 탈출하려고 발버둥을 치면 칠수록 점점 더 곤충의 몸을 감싸도록 만들어졌다. 방탄복은 이런 원리를 그대로 반영하고 있다. 총알이 날아왔을 때 방탄복의 표면은 뚫리지만 안으로 들어간 총알을 주변 섬유들이 감싸 돌면서 회전 속도를 줄여 밖으로 뚫고 나가지 못하게 한다. 실제 미군에는 거미줄을 이용해 만든 방탄복이 있다고 한다.

홍합에서 따온 아이디어도 있다. 홍합은 잘 알다시피 바위에 붙어 산다. 홍합은 아주 강력한 접착 물질을 분비해 심한 파도에도 떨어지지 않고 바위에 꼭 붙어 있을 수 있다. 이런 강력한 접착력을 활용할 수 없을까 고민하던 사람들이 수술용 접착제를 생각해냈다. 수술을 할 때 바늘로 꿰매면 상처가 아문 후에도 흔적이 남는다. 수술 부위를 꿰매지 않고 접착제로 붙이면 흔적이 남지 않는데, 바로 이 접착제의 성분이 홍합에서 나온 것이다.

좋은 해결책은 깊이 있는 고민에서 나온다. 그리고 어떤 자세와 태도를 가지고 있느냐에 따라서도 달라진다. 어떤 사람들은 창의적 사고를 할 수 있는 도구나 기술에만 집착하는데 이런 것들은 제약이 많은 수단이다. 즉 사례와 똑같은 상황이 아니면 적용하기 어렵다. 그러니 자세와 태도를 바꾸려는 노력이 더욱 중요하다.

보지 못한 것을 보게 하는 관찰의 힘

회사 경영에 도움이 되는 습관을 묻는 세리CEO의 조사에서 두 번째로 많이 나온 답변은 '관찰'이었다. 25.2퍼센트, 즉 CEO 460명 중 116명이 현장과 고객의 행동을 유심히 관찰해 숨겨진 욕망과 시장의 흐름을 포착하는 것이 경영에 도움이 된다고 답했다. 관찰은 아주 중요한 창조 습관이다. 디자인 씽킹에서도 고객의 입장에서 공감을 이루기 위한 수단 중 하나로 관찰을 언급했다.

관찰은 왜 그토록 중요할까? 기획을 할 때, 창의적인 사고를 하는데 관찰이 어떤 영향을 미치는 걸까? 세계적인 창의력의 대가 조이 길포드Joy Guildford는 창의력을 '주어진 사물이나 현상에 대해, 새로운 시각에서 다양한 아이디어나 산출물을 표출할 수 있는 능력'이라고 정의했다. 새로운 시각으로 사물을 바라보는 것은 관점의 이동이지만 그 전에 '주어진' 사물을 잘 살피지 않으면 안 된다는 말이다.

관찰은 단순히 사물이나 현상을 바라보는 것만이 아니다. 관찰은 수

동적, 소극적인 행위가 아니라 능동적, 적극적인 행위로서 정신을 고도로 집중시키는 의식적인 과정이다. 이로써 사물의 실태를 객관적으로 파악하고 시사점이나 개선점을 이끌어낸다.

또한 관찰은 목적 지향적인 행위다. 관찰을 하는 이유는 뭔가를 발견하고 원리를 깨달음으로써 그 안에서 개선점을 이끌어내기 위함이다. 어린 시절에 콩이 자라는 과정을 관찰하거나 곤충을 관찰한 경험을 떠올려보면 알 수 있다. 콩은 어떤 조건에서 얼마나 시간이 경과해야 발아되고, 시간의 흐름에 따라 어떻게 잎이 자라고 열매를 맺는지 주의 깊게 살핌으로써 식물의 성장 과정을 이해하는 것이 목적이다. 이렇듯 관찰은 분명한 목적이 있어야 한다. 목적 없는 관찰은 관찰이 아니고 그저 '바라보는 것'일 뿐이다.

한편 관찰은 단속斷續적인 행위라고 생각할 수 있지만 기획을 위한 관찰은 연속連續적인 행위가 되어야 한다. 주위의 사물이나 현상을 바라보면서 그 안에서 뭔가를 발견하고, 원리를 깨달으며, 깨달은 원리를 바탕으로 개선점을 이끌어내야 하는 것이다. 그래야만 관찰이 창의적인 사고로 이어질 수 있다. 다음 사례를 살펴보자.

학교에 갈 돈도 없을 정도로 가난했던 13세 소년 조셉은 생계를 위해 양을 치는 목동이 되었다. 그런데 잠시 한눈을 팔다 보면 양들이 울타리를 넘어가 이웃이 애써 가꾼 농작물들을 짓밟아버렸고, 조셉은 심한 꾸중을 들어야 했다.

양들이 울타리를 넘지 못하도록 조셉은 양들이 울타리를 뛰어 넘는 행위를 유심히 지켜보았다. 그러다가 양들이 덩굴장미가 자란 울타리 쪽으로는 가지 않고 나무로 두른 울타리만 넘어간 다는 사실을 알게 되었다. 그는 양들이 덩굴장미에 돋친 가시를 무서워한다는 사실을 알게 되었다. 그래서 다른 울타리에도 가 시가 돋쳐 있으면 양들이 울타리를 넘지 못하리라는 사실을 깨 달았다. 조셉은 철사를 잘라 뾰족하게 구부리고 그것을 철사에 묶어 가시철조망을 만들었다. 그리고 이 발명품으로 그는 하루아 침에 세계적인 부자가 되었다.

이 사례에서 조셉은 크게 4가지 행위를 했다. 먼저 그는 양들이 울 타리를 넘는 모습을 주의 깊게 살펴보았는데 이는 '관찰'에 해당된다. 그런 관찰을 통해 양들이 덩굴장미의 가시에 찔리는 것이 두려워 덩 굴이 있는 쪽으로는 울타리를 뛰어넘지 못한다는 사실을 '발견'했다. 그래서 덩굴장미처럼 뾰족한 가시가 있는 물건으로 울타리를 만들면 양들이 뛰어넘지 못한다는 원리를 '깨달았다.' 그는 철사를 잘라 철조 망을 만드는 '개선'점을 찾아냈다. 그리고 제2차 세계대전이라는 흐름 에 편승해 그는 자신의 발명품으로 세계적인 부자가 되었다.

이처럼 관찰이 창의적인 사고로 연결되려면 연속적인 의식의 흐름 이 이뤄져야 한다. 이를 '관찰 프로세스'라고 부를 수 있는데 그림으로 나타내면 다음과 같다.

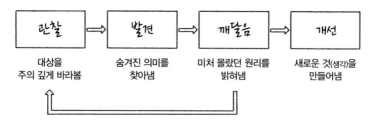

관찰 프로세스

관찰 프로세스가 기획 역량을 높이는 것과 관계가 있을까? 기획자가 갖춰야 할 역량 중 하나가 변화의 본질과 추이를 파악하는 통찰력이다. 통찰력이 뛰어난 사람일수록 문제의 본질이 무엇이고, 그것을 해결할 수 있는 핵심이 무엇인지 파악하는 능력이 뛰어나다. 따라서 기획자는 늘 통찰력을 키우는 훈련을 게을리해서는 안 된다. 통찰은 관찰 프로세스가 반복적으로 이뤄질 때 얻어질 수 있다. 즉 관찰 프로세스로 인해 축적된 힘이 통찰력인 것이다.

통찰이란 눈에 보이지 않는 것을 눈에 보이도록 만드는 능력이다. 다른 사람들이 아무것도 보지 못하고 있을 때 그들과 달리 뭔가를 볼 수 있으면 그 사람은 통찰력이 있다고 할 수 있다. 이는 문제 해결의 핵심이 된다. 〈골목식당〉의 '마포 소담길' 편을 다시 떠올려보자. 맛있는 생태찌개를 끓이는 집이 등장했는데, 맛만 보면 흠잡을 데 없이 뛰어났지만 그럼에도 불구하고 사람들의 발길은 뜸했다. 문제가 무엇이었을까?

대부분의 사람들은 맛과 가격을 원인으로 보고 메뉴를 바꾸거나 가격을 낮춰 고객을 유인하는 해법을 제시하겠지만, 백종원 씨는 달랐다. 그는 생태찌개의 맛이 나이 든 사람들은 좋아할 수 있어도 그 거리를 많이 다니는 젊은 사람들에게는 어필하기 어렵다고 봤다. 따라서 해결책은 젊은 사람들이 선호할 만한 맛으로 생태찌개에 변화를 주는 것이었다. 이처럼 실질적인 문제를 봐야 한다. 따라서 기획을 할 때 남들과 다른 것을 보는 통찰력은 중요할 수밖에 없다.

일반적으로 혁신적인 사고는 두꺼운 벽 안에 갇혀 있는 경우가 많다. 여기서 두꺼운 벽이란 기존의 사고, 고정관념, 관습적으로 해오던 틀이나 패러다임 등이다. 혁신적 사고는 기존의 관념을 파괴하는 것인데 기존의 고정관념은 워낙 단단하고 저항이 심해 쉽사리 깨부술 수 없다. 이 벽을 무너뜨리기 위해 필요한 것이 통찰이다. 그리고 통찰에 불을 붙이는 것이 관찰이다. 관찰 프로세스를 통해 사물에 대한 통찰력을 키우고 축적해서 기존 사고의 틀을 깨야 혁신적인 사고를 끌어낼 수 있다.

이런 관찰 능력은 노력으로 키워질 수 있을까? 모든 능력은 선천적으로 타고나기도 하지만 후천적으로 길러질 수도 있다. 창의적 사고도 그렇고, 관찰 역량도 그렇다. 다만 평소 의식하지 않고 지낼 뿐이다. 관찰 역량을 높일 수 있는 동인은 여러 가지가 있겠지만 여기서는 'WITH'의 4가지 개념만 소개하고자 한다. WITH란 Wonder(당연한 것을 의심하고 관찰하라), Inconvenience(생활 속의 불편함을 놓치지 말고 관찰하라), Trivial(사소한 것을 지나치지 말고 주의 깊게 살펴보라),

Hundreds experience(새로운 것을 접하는 경험을 많이 하라)의 머리글자를 딴 용어다. 각각에 대해 간단히 살펴보자.

방법 **1** Wonder: 당연한 것을 의심하고 관찰하라

우리의 삶은 당연한 일들로 가득 차 있다. 그 속에서 대부분의 사람들은 정해진 패턴대로 살아간다. 한번 생각해보자. 매일 아침 거의 동일한 시간에 잠에서 깨고 동일한 준비 과정을 거쳐 동일한 시간에 회사에 도착한다. 집에서 회사까지 가는 교통수단도 대개는 거의 고정되어 있다. 회사에서 만나는 사람들은 어떤가? 그 사람이 그 사람이다. 변화가 거의 없다. 하는 일은? 회사에서 매일매일 하는 일이 달라지는가? 절대 그렇지 않다. 내용은 달라질 수 있지만 내용을 담는 그릇은 늘 그대로다.

미국의 앨버트 바라바시Albert Barabasi 교수는 한 가지 실험을 했다. 3만 명의 사람들을 대상으로 5개월간 휴대폰으로 위치를 추적하는 실험을 한 결과, 특정한 사람이 어디 있는지 알 수 없을 때 단 두 군데만 뒤지면 찾을 확률이 93퍼센트라고 한다. 최소한 80퍼센트의 확률은 된다고 하니 우리가 얼마나 똑같은 생활을 하는지 알 수 있다.

정해진 습관대로 행동하다 보면 행동이 고착화되고, 행동이 고착화되면 사고마저 고착화된다. 사고가 고착화된다는 건 더 이상 새로운 것을 볼 수 없게 된다는 뜻이다. 사고의 프레임에 갇혀버리는 것이다.

사고의 프레임을 제공하는 건 바로 '당연하다'는 식의 사고다. 뭔가 과제가 주어졌을 때 두뇌는 익숙하게 알고 있는 방식대로 일을 처리하려고 한다. 자동 조정 장치가 가동되는 것이다. 자동 조정 장치로 사고하면 굳이 의식적인 노력을 기울이지 않아도 일을 쉽게 할 수 있고 에너지 소모를 줄일 수 있다. 그러나 이 장치에 키를 내주게 되면 더 이상 창의적인 사고는 떠오르지 않는다. 일은 효율적으로 빨리 할 수 있을지 몰라도 효과적으로 하기는 어렵다. 아무리 혁신을 부르짖어도 뇌는 말을 듣지 않고 머릿속에서 떠오르는 생각들은 평범하기 그지없는 것뿐이다.

그러므로 평소 당연하다고 여겨지는 것들에 대해서는 의도적으로 호기심을 가지고 관찰할 필요가 있다. 호기심을 가지고 관찰할 때 고정된 프레임에서 벗어날 수 있는 길이 열린다. 한 예로 다이슨의 날개 없는 선풍기는 당연함의 굴레를 벗어난 혁신적인 제품이다. 선풍기라고 하면 당연하다고 여겨지는 것 중 하나가 날개가 있어야 한다는 것이다. 회전하는 날개 없이 바람을 일으킨다는 것은 상상할 수 없다. 하지만 이렇게 당연한 것을 새롭게 관찰하지 않으면 혁신을 일으킬 수 없다.

당연하다고 생각하는 것들을 호기심을 가지고 유심히 관찰해보자. 그리고 그 당연함을 제거할 수 없는지 '만약에'what if나 '왜'why 같은 질문을 던져보자. 만약에 자전거에서 체인이 없으면 어떻게 될까? 왜 자전거는 체인이 필요할까? 만약에 자전거의 손잡이가 자동차 핸들처럼 되어 있으면 어떨까? 왜 자전거의 바퀴에는 살이 있어야 할까? 이런 질문이 반드시 혁신적인 사고를 도출해내는 것은 아니지만 혁신적인 사고에 이를 수 있는 가능성을 높여주는 것임엔 틀림없다.

방법 ❷ Inconvenience: 생활 속 불편함을 놓치지 말고 관찰하라

대다수의 발명품은 생활 속 불편함을 해소할 목적으로 만들어졌다. '필요는 발명의 어머니'라는 말이 있지만 필요를 불러오는 것은 불편함이다. 그렇다면 '불편함은 발명의 할머니'쯤 되지 않을까?

벤처 창업을 지원하는 김도균 씨는 자신의 저서에서 이렇게 얘기한다. 사람들에게 재미나 흥미를 제공할 수 있는 것들은 사업적으로 성공할 수 있다. 게임 같은 것이 그런 경우이며 그보다 더 성공할 수 있는 것은 생활하는 데 있으면 좋은 것이고 그보다 더 성공 가능성이 높은 것은 필요한 것이라고 말이다. 신발이나 옷 등은 우리의 생활에 필수불가결한 것들이다.

김도균 씨에 따르면 이것들을 넘어 없으면 안 되는 것은 더욱 큰 성공을 불러올 수 있으며, 없으면 고통스러운 것들은 반드시 성공할 수밖에 없다고 한다. 예를 들어 온도가 40도에 육박하는 한여름에 에어컨 없이 살려면 고통스러울 것이다. 왱왱거리며 잠을 설치게 만드는 모기를 쫓을 수 있는 수단은 어떤가? 나는 안경이 없으면 번호를 보지 못해 버스를 타지 못할 정도로 시력이 안 좋으므로 안경이 없다면 정말로 고통스러울 것이다. 이처럼 불편함이 클수록 그것을 해소해줄 제품이나 서비스는 사업적으로 성공할 가능성이 높아진다. 김도균 씨는 이런 것에 주의를 기울이고 관찰해보라고 조언한다.

예를 하나 들어보자. 길을 걷다 보면 가끔씩 반려견을 잃어버려 애타게 찾고 있는 전단지를 볼 수 있다. 자식처럼 키운 반려견을 잃어버렸으니 가족의 입장에서는 얼마나 애가 타겠는가? 그보다 더 가슴 아픈 일이 자식을 잃어버리는 것이다. 요즘에는 어린아이들도 휴대폰을 가지고 있어 예전에 비해 미아 사고가 줄어들기는 했지만 아직도 아이를 잃어버려 애태우는 부모들이 많다. 2016년 기준으로 한 해 발생하는 미아의 수는 거의 2만 명에 육박한다. 자식을 키우는 입장에서 아이를 잃어버린 부모의 심정이 얼마나 괴로울지 공감된다.

이런 고통과 어려움을 해소할 수 있는 방법이 있을까? 또 비싼 스마트폰을 잃어버려 당황하거나 곤란했던 경험은 없는가? 예전에 전화기 가격이 쌌을 때는 잃어버려도 다시 찾을 수 있는 확률이 높았지만 요즘엔 한번 잃어버리면 다시 찾기가 어렵다. 추적해보면 이미 대서양을 건너고 있는 경우가 많다.

이 모두가 고통스러울 정도의 불편을 느끼게 만드는 일들이다. 서로 달라 보이는 이 문제들은 함께 해결할 수 있다. 스마트폰과 통신할 수 있는 작은 통신 장비만 갖추면 된다. 스마트폰에는 블루투스나 근거리 통신 기술이 장착되어 있어 서로 신호를 주고받을 수 있는 형태의 기기만 있으면 된다. 반려견이나 어린아이의 목에 작은 통신 장비를 걸게 하고 일정한 거리를 벗어나면 경고 신호와 함께 위치 추적이 가능하도록 만드는 것이다. 또는 소형 장비를 내가 가지고 있다가 스마트폰으로부터 일정 거리를 벗어나게 되면 경고음을 울려 스마트폰의 분실을 막을 수도 있다.

혁신적인 아이디어는 알고 보면 무척 간단한 것일 때가 많다. '아, 나는 왜 미처 그 생각을 못 했지?'라고 후회할 수 있지만 평소 주변의 불편한 요소들을 관찰할 수 있는 습관을 들이면 된다.

방법 ❸ Trivial: 사소한 것을 지나치지 말고 주의 깊게 살펴보라

'적우침주'積羽沈舟라는 말이 있다. 가벼운 깃털이 쌓이면 배를 가라앉힐 수 있다는 말이다. '수적천석'水滴穿石이라는 말도 있다. 한 방울씩 떨어지는 물방울이 바위를 뚫는다는 말이다. 사소한 것들은 쉽게 무시되곤 하지만 이것들이 모이고 쌓이면 큰 성과를 이룰 수 있다. '티끌 모아 태산'이라고 하지 않던가.

세계적인 경영 구루 톰 피터스는 사소함을 간과하고는 큰 발견을 이룰 수 없다고 했다. 루돌프 줄리아니 뉴욕 시장이 뉴욕의 범죄를 줄이기 위해 시도한 것은 거창한 것이 아니라 무임승차를 못 하게 하고 지하철의 낙서를 지우는 등 작은 일에 불과했다. 하지만 그 결과는 실로 위대했다.

하인리히의 법칙이라는 것이 있다. 미국의 보험회사에 근무하던 허버트 하인리히Herbert Heinrich가 보험 사고를 분석하는 과정에서 발견한 사실인데, 하나의 거대한 사건 뒤에는 29가지의 작은 사건들이 도사리고 있고 그 사건들 뒤에는 300가지의 다양한 징후들이 나타난다는 것이다. 이른바 1:29:300의 법칙이다. 이를 뒤집어 생각하면, 300개의 사소한 노력들이 모이면 29가지의 작은 성공을 이룰 수 있고, 29가지의 작은 성공이 모이면 하나의 큰 성공을 이룰 수 있다는 말이다(그러니 로또 1등에 당첨되고 싶다면 적어도 300번은 로또를 사야 한다!).

다음 그림은 와인을 딸 수 있는 코르크스크루다. 이탈리아의 주방용품 명품 업체인 알레시에서 만든 것이다. 개당 가격은 평균 10만 원에 육박한다. 전 세계적으로 1초에 하나씩 팔리고 있고, 이 품목 하나만으로 1년 매출이 무려 몇천억 원에 이른다고 한다.

이 작은 소품은 일상에서의 사소함을 간과하지 않고 잘 살펴본 데

사소함을 지나치지 않은 덕에 개발된 **코르크스크루**

서 비롯됐다. 디자이너였던 알렉산드로 멘디니가 여자 친구가 기지개를 켜는 모습을 보고 착안해낸 제품이다. 일상생활을 하면서 누구나 기지개를 켤 수 있지만 아무나 이런 제품을 만들 수 있는 것은 아니다. 스치듯 지나가는 사소함을 소홀하게 여기지 않고 눈여겨본 사람만이 이런 성공을 거둘 수 있다. 흔히 혁신적인 아이디어를 생각하라고 하면 사람들은 거대한 것만을 생각하지만 이런 사소함도 혁신적인 아이디어의 원천이 될 수 있다.

뤼글리Wrigley라는 제과 업체도 사소함을 간과하지 않고 관찰한 결과 큰 성공을 거둘 수 있었다. 우리가 주차장에 진입할 때 흔히 하는 행동이지만 흘려버리는 사소한 습관이 있을까? 많은 이들이 티켓을 뽑은 후 입에 물곤 한다. 마땅히 놓을 자리가 없는데 서둘러 게이트를 통과하기 위해 부지불식간에 티켓을 입에 무는 것이다. 뤼글리는 이런 사소한 모습을 놓치지 않고 티켓의 위와 아래쪽에 얇게 민트향을 도포했다. 주차장에서 티켓을 뽑아 든 사람들은 순간적으로 느껴지는 민트 향에 운전을 멈추고 다시 티켓을 확인했고 그것이 뤼글리에서 만든 민트 향 사탕 맛임을 알게 되었다. 덕분에 뤼글리의 해당 제품은 날개를 단 듯 불티나게 팔려나갔다.

알레시의 와인 오프너도 그렇고 뤼글리의 민트 향 사탕도 일상에서의 사소함을 놓치지 않고 관찰한 것으로부터 성공을 이끌어냈다. 어떤 이들은 '티끌 모아 티끌'이라고도 말하지만 그들은 티끌처럼 살다가 갈 뿐이다. 적어도 기획을 하는 사람이라면 아무리 사소한 것이라도 소홀히 넘기지 않는 습관이 필요하다.

방법 ❹ Hundreds Experience: 새로운 것을 접하는 경험을 많이 하라

뭔가 해결해야 할 과제가 있지만 생각이 잘 떠오르지 않거나 일이 잘 풀리지 않을 때 흔히 바람 쐬고 오라는 말을 한다. 그렇다면 바람 쐬는 것이 좋은 아이디어를 떠올리는 데 도움이 되는 걸까? 답은 '그렇다'이다. 특히 낯선 경험을 하는 것은 창의적으로 문제를 해결하는 데 큰 도움이 된다. 앞서도 언급했지만 익숙한 환경은 덫이나 다름없다. 한번 발을 들여놓으면 벗어나기가 어려운데, 문제는 자신이 덫에 묶여 있다는 것을 알아차리지 못하는 데 있다. 일상을 쳇바퀴 돌 듯 살아가면서도 전혀 눈치채지 못한다.

우리가 뭔가에 집중할 때는 두뇌의 '주의 모드'attention mode가 가동된다. 두정엽이나 전두엽 등 이성적이고 논리적인 사고를 필요로 하는 부위가 활발히 움직이는 것이다. 하지만 한가롭게 휴식을 취할 때는 주의 모드의 불이 꺼지고 다른 부위에 불이 들어온다. 이 부위를 '기본 모드'default mode라고 한다. 기본적으로 가동되는 모드라는 의미다. 주로 휴식을 취할 때나 한가롭게 있을 때, 또는 멍하니 있을 때 기본 모드다. 마치 서재에서 뭔가를 하다가 휴식을 취하기 위해 밖으로 나오면서 서재의 불을 끄고 거실의 불을 켜는 것과 같다.

여유롭게 빈둥거리거나 휴식을 취할 때 뇌는 아무것도 하지 않을 것 같지만 놀랍게도 기본 모드에 불이 들어오는 순간 더욱 활발하게 작동한다. 주의 모드가 가동될 때 받아들인 정보나 학습의 내용들을 검색해서 필요한 정보는 저장하고 불필요한 정보는 버린다. 그뿐 아니라 정보들 간에 무작위적인 결합들이 일어난다. 주의를 집중한 상태라면 A라는 정보와 B라는 정보를 연결할 생각을 할 수 없지만 기본 모드가 되면 A와 B가 자연스럽게 연결된다. 이때 미처 생각하지 못했던 창의적인 사고가 불꽃이 튀듯 생겨난다. 마치 스파크가 튀듯 '유레카 모멘트'Eureka moment가 나타나는 것이다.

책상 앞에 앉아서 죽어라 고민할 때는 오히려 좋은 생각이 떠오르지 않는다. 이성적이고 논리적인 사고로만 생각하다 보니 창의적인 생각은 숨을 죽이고 숨어서 몰래 눈치만 본다. 그러다 일에서 벗어나 잠시 휴식을 취하면 숨어서 눈치만 보던 창의적인 생각이 고개를 든다.

한번 생각해보자. 하루 중 좋은 아이디어가 떠오르는 때가 언제인가? 화장실, 잠자기 전, 샤워할 때, 버스나 지하철을 타고 갈 때 등이다. 이를 두고 서양에서는 '3B', 동양에서는 '3상'이라고 한다. 3B는 Bed, Bath, Bus를 나타내고 3상은 침상寢上, 측상厠上, 마상馬上을 말한다. 모두 뭔가에 몰입할 때가 아니라 몰입에서 벗어나 한가롭게 휴식을 취할 때다.

아르키메데스가 부력의 원리를 깨닫고 "유레카!"를 외치며 알몸으로 뛰쳐나온 곳은 그의 서재가 아니라 목욕탕이었다. 뉴턴이 만유인력의 법칙을 깨달은 곳은 사무실이 아니라 한가롭게 휴식을 취하던 나무 밑이었다. 세상을 바꾼 위대한 생각들은 이렇게 몰입하던 장소로부터 벗어났을 때 불현듯 나타난 경우가 많다. 그래서 풀리지 않는 문제가 있을 때 바람을 쐬는 것은 돌파구를 찾기 위한 아주 좋은 방법 중 하나다.

특히 낯선 경험을 하게 되면 뇌의 기본 모드가 더욱 활발하게 작동한다. 서울에서 태어나 자란 사람이 낯선 도시에 가거나 전혀 문화가 다른 나라를 관광하면 낯선 생각들은 더욱 활발하게 고개를 든다. 프랑스의 작가 알랭 드 보통은 "독창적인 생각은 '수줍음 타는 동물'shy animal을 닮았다. 밖으로 잘 안 나오려고 한다. 그런데 우리가 낯선 곳에 가면 녀석도 그곳 세상이 궁금해서 동굴이나 집 밖으로 나오고 싶어 한다."고 말했다. 그만큼 낯선 환경, 낯선 문화를 접하는 것은 뇌를 자극해서 창의적인 사고를 떠올리는 데 도움이 된다.

낯선 환경 중에서도 이색 문화에 대한 경험은 좋은 소재를 준다. 번지점프는 남태평양의 조그만 섬의 성인식에서 유래된 것이다. 용맹함을 증명하기 위해 30미터 높이의 나무 위에서 나무줄기로 발목을 묶은 채 뛰어내린 것으로부터 유래했다. 그때 발목을 묶던 줄기 이름이 '번지'다. 운이 없으면 나무줄기가 나무의 높이보다 길어 땅바닥에 곤두박질친 채 목숨을 잃기도 했지만, 그런 위험을 무릅쓰고 용맹함을 강조했던 행사가 놀이로 승화된 것이 번지점프다.

제주도의 위상을 바꿔놓은 올레길은 스페인의 산티아고 순례길에서 가져온 것이고, 훌라후프와 요요는 아프리카 어린아이들이 가지고 놀던 장난감을 보다 편리하게 개량한 것이다. 이처럼 낯선 문화를 접하면 시각적 자극뿐 아니라 두뇌의 기본 모드가 활성화되고, 책상 앞에서는 생각할 수 없었던 좋은 아이디어들을 떠올릴 수 있다. 그러므로 가급적이면 익숙한 환경을 벗어나 낯선 경험을 많이 하는 것이 뇌를 자극하는 좋은 방법이다.

이왕 이야기가 나온 김에 한마디 덧붙이자면, 많은 이들이 기획 일은 정신력으로 하는 것이라고 생각한다. 매일 날밤을 새우며 피곤한 몸을 이끌고 어떻게든 상사를 만족시킬 수 있는 답을 내는 것이 기획자의 숙명이라 받아들인다. 하지만 잠을 제대로 자지 않으면 창의적인 사고는 현저히 줄어들 수밖에 없다. 잠이 가진 놀라운 비밀 중 하나는 잠자는 동안 기억과 같은 학습 능력과 창의력을 높여준다는 것이다.

잠을 자는 동안에는 깊은 잠인 비 렘수면non-REM과 얕은 잠인 렘수면REM이 번갈아 나타나는데, 비 렘수면은 학습한 내용을 장기기억으로 저장하고 렘수면은 정보들 간의 결합을 통해 창의력을 강화한다. 그런데 날밤 새우며 잠을 못 자면 이 2가지가 다 영향을 받을 수밖에 없다. 기억력도 저하되고 학습 효과가 줄어들 뿐 아니라 창의적인 사고를 떠올리기 어려워진다. 기획자에게 이런 환경은 치명적일 수 있다.

그러니 가급적이면 밤을 새우며 일하지 않도록 하자. 한번 잠을 못 자면 뇌는 이전의 수준으로 회복되지 않는다. 아무리 열심히 일해도 힘만 들 뿐 창의적인 성과를 내긴 어렵다. 부디 이 이야기를 흘려듣지 말고 잠에 대해서만큼은 투자를 많이 하길 권한다.

새로운 아이디어는 블루오션에 있다

차별화된 아이디어를 생각하는 데 유용하게 사용할 수 있는 도구 중 하나가 블루오션blue ocean 전략이다. 블루오션 전략이란 1990년대 중반 프랑스 인시아드의 김위찬 교수가 제창한 이론으로, 이제는 다소 식상하거나 낡은 전략으로 보일지 모른다. 그러나 기획을 하는 사람이라면 기본적으로 한 번쯤 그 개념을 곰곰이 되새겨볼 필요가 있다.

본래 블루오션은 경쟁자들이 없는, 무경쟁 시장을 의미한다. 똑같은 기술, 똑같은 제품, 똑같은 서비스로 치열한 경쟁 구도 속에서 벌겋게 피를 흘리며 시장점유율을 높이기 위해 싸우는 레드오션red ocean과 상반되는 개념이라 할 수 있다.

블루오션이란 '푸른 바다'라는 뜻 그대로 현재 존재하지 않아서 경쟁으로 더럽혀지지 않은 모든 산업을 의미한다(매일경제용어사전). 또한 차별화와 저비용 등 전략적 사고를 바꾸고 구조적 접근법을 사용함으로써 성장 잠재력을 지닌 새로운 시장을 만들어내는 것이 블루오션 전략이다(한국경제용어사전). 기존 시장에서 경쟁우위를 확보하기보다는 자신만의 경쟁 원칙을 만들어냄으로써 경쟁이 없는, 피를 흘리지 않는 새로운 시장을 창출하는 것이 핵심이다.

블루오션 전략은 한마디로 구매자 입장에서의 가치는 올리고 비용은 줄인다는 것이다. 차별화를 추구한다는 측면에서 기획의 정의에 딱

들어맞는 개념이 아닐 수 없다. 그렇다면 블루오션은 어떻게 저비용과 차별화를 동시에 추구할까? ERRC, 즉 업계에서 당연한 것으로 받아들이는 요소들 가운데 뭔가를 제거하거나(Eliminate), 업계의 표준 이하로 내리거나(Reduce), 업계의 표준 이상으로 올리거나(Raise), 업계가 아직까지 한 번도 제공하지 못했던 것을 창조한다(Create). 이를 통해 새로운 '가치곡선'strategy canvas을 만들어내는 것이다.

사례를 들어보자. 나는 일의 성격상 지방 출장을 자주 다니는 편이다. 지방 출장을 가면 불편한 것 중 하나가 택시를 타는 일이다. 그 지역에서만 운행되는 콜택시를 불러야 하는데 대개는 번호를 모른다. 그래서 누군가에게 물어봐야만 하는데 그런 불편 없이 활용할 수 있는 콜택시가 카카오택시다.

일반 콜택시와 카카오택시는 여러 면에서 차별화되는 요소들이 있다. 우선 일반 콜택시는 모든 정보가 콜택시 업체에 있다. 고객이 전화를 걸면 안내 데스크에서 전화를 받아 목적지를 물어본 후 가능한 차량을 수배해보고 연락을 주겠다고 한다. 하지만 언제쯤 차가 도착할지는 알 수 없다. 연락이 올 때까지 마냥 기다려야 한다. 가끔은 실컷 기다리게 해놓고 이용 가능한 차가 없다는 연락이 올 때도 있다. 만일 열차 시간이나 비행기 출발 시간에 쫓기는 등 급박한 상황에서 차를 이용할 수 없다고 하면 낭패가 아닐 수 없다.

카카오택시는 이런 단점을 개선했다. 고객은 앱을 이용해 자신이 가고자 하는 목적지만 입력하면 된다. 그러면 몇 분 후에 어떤 차가 도착

한다는 정보가 고객에게 전달된다. 언제 차가 도착할지 알 수 있는 것이다. 안내 데스크를 통할 필요도 없고 차가 언제 올지 모른 채 불안한 마음으로 기다릴 필요도 없다. 비대칭적으로 업체에 쏠려 있던 정보가 고객에게 넘어감으로써 고객의 편의를 높인 것이다.

카카오택시의 차별화 포인트는 또 있다. 종종 택시를 타게 되면 안전 측면에서 불안한 경우가 있다. 밤늦게 애인을 태워 보내거나 나이든 부모님이 택시를 타고 갈 때 혹시라도 사고가 나거나 불미스러운 일을 당하지 않을까 걱정한 적이 있는가? 기존 콜택시는 이런 점에 대해 해결책이 없었다. 물론 어떤 기사가 누구를 태웠는지에 대한 정보가 업체 측에는 남아 있겠지만 고객은 그 정보를 볼 수 없었다. 카카오택시는 '안심 서비스'라는 것을 통해 언제, 어디서, 누구의 택시를 탔다는 것을 주위 사람에게 알릴 수 있다. 불미스러운 일이 발생할 수 있는 소지를 원천 봉쇄한 것이다.

이런 카카오택시의 서비스를 블루오션의 ERRC 전략에 맞춰 분석하면 다음과 같다.

제거(Eliminate)	감소(Reduce)
• 콜센터 전화	• 이용 수수료
증가(Raise)	창조(Create)
• 고객 편리성 • 택시 이용에 대한 만족도(서비스)	• 앱을 통한 정보 제공 • 안심 서비스

블루오션의 ERRC 전략으로 살펴본 카카오택시 서비스

제거된 것이 있는가? 있다. 고객이 직접 전화하는 것이다. 새로 도입된 것이 있는가? 있다. 언제 어떤 차가 도착하는지 정보가 고객에게 제공된 것이다. 안심 서비스도 기존에는 없던 서비스다. 줄인 것은 있는가? 지금은 달라져서 차등적으로 콜비를 청구하지만 초창기에만 해도 카카오택시는 수수료가 없었다. 기존에 1,000~2,000원씩 받던 콜택시 수수료가 줄어듦으로써 이용객 입장에서는 장점이 있었다. 늘어난 것은 있는가? 택시 기사들의 서비스다. 카카오택시를 이용해 목적지에 도착하면 기사에 대한 평가 요청이 온다. 사용자는 만족도에 따라 기사의 서비스를 평가할 수 있다. 누적된 평가 서비스를 바탕으로 평가가 좋지 않은 기사들은 향후 카카오택시 운행에서 배제된다.

이것을 가치곡선으로 그려보면 다음과 같다.

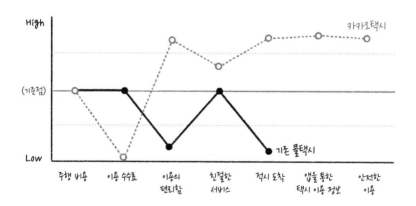

카카오택시와 기존 콜택시를 비교한 가치곡선

이 그래프를 보면 일반 콜택시 업체의 가치곡선과 카카오택시의 가치곡선이 확연하게 다르다는 것을 알 수 있다. 소비자 입장에서는 동일한 콜택시지만 어떤 콜택시를 이용할 것인지 선택할 수 있는 기준이 있다. 이를 구매자 의사결정 요인이라고 한다. 우선 택시를 이용할 때는 주행 비용, 이용 수수료, 편리함, 친절한 서비스, 적시 도착, 택시 이용 정보(언제 어떤 택시가 어디에서 도착하는지), 불미스런 사건으로부터의 안전 등이 있다.

주행 비용은 기본적으로 미터기 요금으로 지불하므로 일반 콜택시나 카카오택시나 같다. 이용 수수료는 카카오택시의 이용료가 없었던 때를 떠올려보면 일반 콜택시보다 카카오택시가 유리하다. 이용의 편리함 측면에서는 단연 카카오택시가 뛰어나다. 전화하지 않고 앱에서 목적지만 입력하면 되기 때문이다. 택시 기사의 친절도는 일반 콜택시나 카카오택시나 크게 차이 나지 않지만, 기사 서비스에 대한 평가를 통해 불친절한 기사는 걸러내므로 아무래도 카카오택시가 조금 더 낫다고 할 수 있다.

적시 도착은 어떨까? 일반 콜택시는 차가 언제 올지 모르므로 불안한 상태에서 차를 기다려야 하지만 카카오택시는 호출과 함께 차가 언제 올지 알 수 있으므로 필요한 시간에 필요한 차를 이용할 수 있다. 택시를 이용할 때 정보 역시 일반 콜택시는 전화로 알려주지만 카카오택시는 호출과 동시에 정보를 알 수 있다. 마지막으로 불미스런 사건이 일어날지 모른다는 고객들의 불안에 대해 기존의 일반 콜택시는 제공되는 서비스가 없다. 하지만 카카오택시는 안심 서비스를 이용해 고객의 불안을 잠재운다.

그렇다면 이런 개념, 즉 블루오션의 ERRC 전략을 어떻게 업무에 활용할 수 있을까? 주어진 과제에 대해 자신의 아이디어를 제안하기에 앞서 곰곰이 생각해보자. 뭔가 기존의 것과 달라진 게 있는가? 제거되었거나 새롭게 창조된 것이 있는가? 기존의 것에 비해 줄어들거나 늘어난 것이 있는가?

그것들을 고객의 입장에서 선택의 기준을 정해 가치곡선으로 정리해보자. 앞서 카카오택시처럼 명확하게 차별화 포인트가 보이지 않는다면 새로 제안한 아이디어는 기존의 것과 크게 다를 바 없을 것이고, 실현된다 해도 가치가 만들어지지는 않을 것이다.

이런 가치곡선은 개인에게도 적용해볼 수 있다. 회사에서의 고객은 상사다. 정확히 말해 직속 상사를 포함한 상위자들이다. 그들은 회사 내 많은 사람들 중에 '나'를 사용해야 하는 이유가 있다. 예를 들면 내가 다른 사람보다 일을 빨리 하거나 다른 사람보다 성과를 잘 내거나 다른 사람보다 말귀를 잘 알아듣거나 다른 사람보다 창의적인 아이디어를 더 잘 도출하거나 다른 사람이 가지고 있지 못한 전문성 등 뭔가 차별화 요소가 있는 것이다. 같은 부서나 회사 내에서 나와 비슷한 위치에 있는 사람들을 놓고 모든 항목에 대해 나와 다른 사람들을 비교해보라.

이것을 가치곡선으로 그리면 다음 그림과 같다.

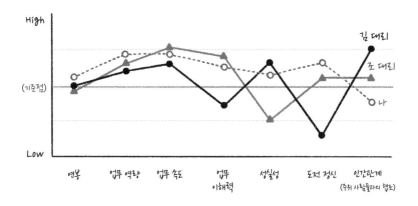

업무 조건과 역량을 비교한 가치곡선

　이렇게 가치곡선을 그려보면 내가 다른 사람들에 비해 잘하는 것과 못하는 것, 무엇이 차별화되는지를 알 수 있다. 그런데 정도만 다를 뿐 모든 항목에서 큰 차이가 없다면 상사의 입장에서는 누구를 써도 그만일 것이다. 그러므로 경쟁자와 차별화된 요소를 만들지 않으면 안 된다. 과감하게 기존에 있던 것을 없애고 새로운 것을 만들어내거나 불필요하게 많이 가지고 있는 것을 줄이거나 부족한 것을 늘림으로써 차별화 요소를 만들어내야 한다.

　상사의 입장에서 나를 지목해 일을 시킬 때 '아, 이 사람이야'라고 떠올리게 해줄 만한 요소가 있어야 한다. 다른 사람들이 가지지 못한 나만의 독특한 무엇, 나만 할 수 있는 뭔가가 있어야 사람들은 나를 기억하고 불러준다.

Chapter
6

아이디어는
실행 속도가 생명이다

기획 과정을 크게 네 단계로 나눠보면, 문제를 정의하고 정보를 수집·분석해서 원인을 찾아내고 이를 제거할 대안을 도출하는 사고 단계(thinking)가 있다. 사고 단계가 끝나면 그것을 문서로 만드는 문서화 단계(documentation), 문서화된 내용을 구두로 전달하고 설득하거나 협조를 얻어내는 커뮤니케이션 단계(communication), 마지막으로 최종 결정된 내용을 실행하는 단계(execution)가 이어진다.

이 4가지 단계 중에서 가장 중요한 단계는 무엇일까? 사람마다 다를 수 있지만 아마도 많은 사람들이 "그래도 기획은 사고지." 하며 첫 단계를 가장 중요한 요소로 꼽을 것이다. 정말 그럴까? 사고 역량이 중요한 것은 틀림없지만 사고 역량이 뛰어나다고 해서 기획 역량이 뛰어나다고 할 순 없다. 기획 역량은 사고뿐만 아니라 문서화, 커뮤니케이션, 실행의 4가지 요소가 곱으로 나타난다. 그래서 가장 취약한 요소가 그 사람의 기획 역량을 최종적으로 결정한다.

생각해보자. 문제 파악을 잘하고 분석력이 뛰어나고 아이디어도 좋은 사람이 있다. 그런데 이 사람이 가진 최대의 약점이 자기 생각을 문서로 옮기지 못하는 것이다. 늘 좋은 생각, 뛰어난 생각이 넘치지만 왠지 문서로 만든 내용을 보면 평범하기 그지없다. 그 문서를 본 상사는 '이 사람은 일을 잘하는 사람이군'이라고 생각할까? 그렇지 않을 것이다. 자신의 머릿속에 있는 생각을 그대로 문서로 만들어낼 수 있어야 실력 있는 기획자가 될 수 있다.

마찬가지로 사고 능력이 뛰어나고 문서도 잘 만들지만 커뮤니케이션 능력이 부족하면 다른 부서의 협조를 얻기도 힘들고, 상사의 안 된다는 말 한마디에 기가 죽어 자신의 주장을 제대로 펼치지도 못한다. 결국 계획한 일을 제대로 진행하지 못한다. 따라서 커뮤니케이션 능력도 반드시 갖춰야 할 중요한 요소다.

나아가 사고 능력, 문서화 능력, 커뮤니케이션 능력 모두 뛰어나다고 해보자. 어떤 일이든 척척 문제를 해결하고 읽기만 해도 눈물이 흐를 만큼 감동적인 문서를 만들어내고, 상사와 주위 사람들도 잘 설득하는 능력이 있다. 그런데 그가 보고만 끝나면 할 일을 다 했다고 생각하고 두 번 다시 기획서를 들여다보지 않는다면 그는 일을 한 걸까, 안 한 걸까? 당연히 아무것도 하지 않은 것이다. 성과는 반드시 실행이 뒤따라야만 얻을 수 있기 때문이다. 뛰어난 사고도, 문서화 능력도, 커뮤니케이션 능력도 실행이 따르지 않으면 소용없다. 모든 일은 반드시 실행까지 이어지지 않으면 안 된다.

실행이 약하면 공상에 그친다

기획자의 역량은 앞서 언급한 4가지 능력 중 가장 약한 부분에 의해 결정된다. 뛰어난 사고를 하는 사람도 문서화 능력이 약하면 사고 자체가 빛날 수 없고, 사고와 문서화 능력이 뛰어난 사람도 커뮤니케이션이 약하면 앞선 노력들이 빛을 발할 수 없으며, 실행이 약한 사람은 그동안의 모든 노력이 수포로 돌아갈 수 있다. 사고와 문서화, 커뮤니케이션과 실행, 이 4가지 기획 요소가 모두 갖춰져야만 비로소 기획이 완성된다. 그렇지만 그중에서도 나는 실행이 가장 중요하다고 생각한다. 실행이 안 되는 기획은 공상에 불과할 뿐이기 때문이다.

사실 나는 최근까지 돈을 벌 수 있는 기회가 상당히 많았다. 만일 내가 실행력만 갖추고 있었다면 지금쯤은 '모히또에서 몰디브 한잔' 하면서 편하게 책이나 읽고 있을지도 모른다. 힘들게 책을 쓸 일도 없다. 아쉽게도 실행력이 부족했던 탓에 지금 이 고생을 하고 있다! 내가 생각했던 아이디어 몇 가지만 예를 들어보자.

최근 신문에서 '셀프 스토리지'self-storage 사업이 뜨고 있다는 기사를 봤다. 도심에서 가까운 곳에 창고를 마련하고 겨울철 이불이나 두꺼운 패딩, 개인적 물품 등을 보관해주는 사업이라고 한다. 기사를 본 건 최근이지만 이 아이디어는 이미 내가 오래전부터 생각하고 있던 것이었다. 적어도 10년 정도는 될 듯싶다. 머릿속에 담아두었을 뿐 실천에 옮기지 못하고 있었는데 그사이 많은 업체들이 생겨난 것이다. 시장 규모는 이미 1조 원대를 형성하고 있다고 한다.

한동안 네이버에서 집중적으로 광고를 했던 이미지 검색도 마찬가지다. 아이들이 어렸을 때 우리 가족은 주말마다 여행이나 나들이를 했다. 당시만 해도 디지털 카메라가 유행이었으므로 카메라를 들고 다니며 길가의 들꽃이나 아름다운 풍광을 담곤 했다. 아쉽게도 들꽃 이름을 알고 싶었지만 알 수 없었다. 식물도감을 봐도 그게 그것처럼 보일 뿐 정확한 이름은 알기 어려웠다.

그때 생각한 것이 이미지 검색이었다. 들꽃의 사진을 찍어 이미지 채로 검색하면 이름을 알려주는 서비스가 있으면 좋겠다고 생각했다. 20년이 훌쩍 지나 실제로 그 기술이 상용화되는 걸 보면서 '특허라도 출원해둘걸' 하는 뒤늦은 후회가 밀려왔다. 만일 그랬다면 편하게 앉아 특허료만 받아도 충분히 여유 있는 삶이 가능하지 않았을까?

결국 중요한 것은 실행력이다. 아무리 뛰어난 아이디어가 있어도 실행되지 않으면 그림 속의 떡이나 다를 바 없다. 실행으로 이어져야만 실질적인 가치를 만들어낼 수 있다. 기획자들은 대개 정보 수집이나 분석, 논리적이고 창의적인 사고 등 생각하는 능력을 기르는 데 집중하지만 어쩌면 가장 중요한 것은 실행일지도 모른다. 실행을 등한시해서 전체 성과를 깎아내리는 오류를 범하지 않도록 주의해야 한다.

힘들게 생각해낸 해결 방안을 실행으로 이어지게 하려면 2가지 측면을 고려해야 한다. 하나는 그 아이디어가 실행 가능한 수준으로 구체화되어야 하고, 다른 하나는 상세한 실행 계획을 수립하는 것이다. 아이디어는 어디까지나 아이디어일 뿐이다. 아이디어를 실행하기 위해서는 해결해야 할 전제조건이나 선결과제 등이 필요하고 실천 가능하도록 현실적이어야 한다. 사전에 장애 요인이나 장단점 등을 통해 실천 가능한 수준으로 만드는 것이 구체화 단계인데 먼저 이에 대해 살펴보자.

손에 잡히는 아이디어를 만드는 법

주어진 과제에 대해 도출된 해결책은 때로 아이디어 수준에 그칠 수 있다. 아직은 '손에 잡히지 않는' 것이다. 이것을 실행으로 연결시키려면 '손에 잡히도록' 만들어야 한다. 아이디어를 더욱 발전시키고 구체화해서 실행 가능하도록 만들어야 하는 것이다. 그렇지 못하면 상사는 해결책의 효력에 의구심을 가질 수 있고 구체적인 실행 방안을 물을 것이다.

아이디어가 실천 가능한지 검증하고 구체화하려면 아이디어를 실현하는 프로세스를 처음부터 끝까지 따라가며 발생할 수 있는 상황에 대해 시뮬레이션을 해보는 것이 바람직하다. 예를 들어 주 52시간제에 맞춰 업무 방식을 개선한다고 해보자. 오전 두 시간 동안은 회의나 업무 지시도 하지 않고 전화나 이메일도 받지 않으며, 오로지 맡은 일에만 몰입하는 집중근무제를 도입하기로 했다. 집중근무제를 함으로써 업무 효율을 높이자는 취지 자체는 좋을 수 있다. 그러나 이 제도를 실행하려면 예상되는 문제점이나 장애 요인들이 있을 수 있고 그중에는 해결 가능한 것과 불가능한 게 있을 것이다. 해결 불가능한 것이라면 아이디어 자체를 실현하기가 어려워진다.

실제로 대안을 실행한다고 가정하고, 현실 세계에서 이런 문제점들을 찾아보도록 하자. 때로는 아이디어를 기획한 부서뿐 아니라 다른 부서의 협조가 필요할 수도 있는데 이를 간과한 경우 실행이 벽에 부딪힐 수 있다.

집중근무제를 도입할 때 예상되는 문제로는 무엇이 있을까? 우선 고객이나 공급 업체 또는 업무상 필요한 외부인과의 약속이 있을 수 있다. 거래처를 방문하거나 거래처에서 찾아오는 일이나 인허가 문제로 관공서를 방문하는 등의 문제도 있다. 외부에서 무작위로 걸려오는 전화, 메일, 메신저도 문제가 될 수 있다. 긴급한 회의가 생길 수도 있고 상사의 호출이 있을 수도 있다.

긴급하게 처리해야 하는 문제가 있을 경우 다른 사람의 업무를 방해하지 않으려면 집중근무 시간이 끝날 때까지 기다릴 수밖에 없다. 그 시간에 커피를 마시거나 흡연을 위해 자리를 뜨는 사람도 있고, 몰래 숨어서 게임이나 인터넷 서핑을 하는 사람도 있을 수 있다. 어떤 사람들은 집중근무 시간과 상관없이 자신이 하고 싶은 대로 행동할 수도 있다. 대부분의 실무자들은 집중근무 시간 동안 오로지 자신의 업무에만 집중할 수 있으므로 제도에 찬성할 것이다. 하지만 임원들은 그 시간 동안 보고를 받거나 업무를 지시할 수 없으므로 싫어할 수도 있다. 이런 문제들이 쌓이다 보면 시간이 지나면서 제도 자체가 흐지부지되면서 예전으로 돌아가기도 한다. 이 내용을 쉽게 파악할 수 있도록 간단히 예를 들어 하나씩 살펴보면 다음과 같다.

예상되는 문제	해결방안
외부인과의 업무 약속	직원들과 주요 거래처 측으로 사전 업무 협조 요청
외부의 전화와 방문	일정기간 계도 후 ARS 등을 통한 안내
메일, 메신저 수신	집중근무 시간에는 메일 수신이 안 되거나 메신저 팝업이 안 되도록 조치
긴급한 회의	회의 자제 요청과 불시 점검을 통한 계도
상사의 호출	관리자 교육과 불시 점검을 통한 계도
커피, 흡연 등 개인활동	사내방송을 통한 집중근무제 알림과 페널티 적용, 시스템을 통한 외부 사이트 접속 차단
윗사람의 무관심이나 변화에 대한 저항	선진기업 사례 공유와 적극적인 홍보, 동참 권유
긴급한 용무	집중근무 시간 이전 완료 또는 예외적인 경우가 없도록 제재

이렇게 아이디어를 실행하는 과정에서 예상되는 문제점이나 장애요인들을 파악해보면 성공적인 실행을 위해 필요한 전제조건이나 선

결과제 등을 도출할 수 있다. 이 사례에서는 집중근무 시간 동안 메일이나 메신저가 송수신되지 않도록 시스템을 개선하고 모든 외부 업체에 협조를 요청하며, 임직원들의 의식 개선을 위해 홍보하는 등의 과제가 선결되거나 제도 시행과 함께 이뤄져야 한다. 변화관리를 위한 교육, 특히 관리자들에 대한 교육이 필요하며 선진 사례에 대한 연구 등도 사전에 이뤄져야 한다.

안타깝게도 이런 일들은 아이디어를 기획한 부서에서 할 수 있는 것들이 아니라 IT 부서나 영업, 구매, 인사나 교육 등 타 부서에서 수행해야 하는 것들이다. 그렇다면 이들 부서에 충분히 취지를 설명하고 협조를 이끌어낼 수 있도록 설득해야 한다. 만일 IT 부서에서 시스템상 메일이나 메신저의 접속을 막을 방법이 없다고 하면(그런 일은 절대 없지만) 집중근무 시간에 몰래 인터넷 서핑을 하거나 게임을 하는 것을 막을 수가 없다. 고객 회사에서 협조는커녕 무시하면 그것으로 상황이 종료될 수도 있다. 그래서 거래처와의 영업 활동이 많은 회사는 집중근무제 자체를 도입하기가 쉽지 않다.

현실적인 측면에서의 문제도 남아 있다. 집중근무제가 성공적으로 정착하려면 구성원 모두가 그 필요성을 공감하고 적극적으로 동참해야 한다. 그런데 여전히 변화에 참여하기를 거부하거나 하나둘씩 나타나는 불편함 때문에 시간이 지나면서 제도 자체가 흐지부지 사라지는 경우도 생긴다. 그렇다고 이런 문제를 해결하기 위해 제도를 지키지 않는 사람들에게 페널티를 부여하거나 불시 점검을 해서 인사상 불이

익을 준다면 오히려 반발심을 키우고 부정적인 결과를 가져올 수도 있다. 그러므로 이 제도가 현실적으로 저항 없이 받아들여지기 위해서는 어떤 조치들이 필요한지에 대한 점검도 필요하다.

이런 선결조건이나 전제조건, 현실성 등을 감안했을 때 예상되는 문제가 심각하면 제시된 대안은 실현되기 어렵다. 현실적으로 실천할 수 있는 방안이 없는 경우, 관련 부서의 협조를 얻어내기 어려운 경우에도 실현이 어렵다. 또한 "이게 되겠어?" 하는 지적에 "그건 이렇게 하고요. 이건 저렇게 하면 됩니다."라고 자신 있게 말할 수 없다면 상사도 설득할 수 없다. 따라서 주어진 문제에 대해 해결책을 도출하고 난 후에는 그것을 실행하는 단계까지 고려해 선결돼야 하는 문제나 예상되는 장애 요인, 협조가 필요한 부서나 상황 등을 깊이 있게 따져봐야 한다. 이런 측면에서 예상 가능한 문제점을 생각해볼 수 있는 몇 가지 도구를 소개하고자 한다.

예상 가능한 문제점 파악하기 ❶ PMI 기법

PMI 기법이란 수평적 사고를 주장한 에드워드 드 보노Edward de Bono가 만든 기법이다. 어떤 문제를 해결하거나 기존의 상태를 변화시키기 위해 제안된 아이디어들을 P(Plus, 좋은 점), M(Minus, 나쁜 점), I(Interesting, 흥미롭게 생각하는 점)로 구분하고, 발생되는 득과 실을 분석한 후 반대의 결정을 내릴 때 발생되는 득과 실을 놓고 최선의 선택을 하는 기법이다.

P(Plus)

· 좋은 점, 긍정적인 측면, 더하기, 강점, 아이디어가 가지고 있는 좋은 점, '왜 그것을 좋아하는가?'

M(Minus)

· 나쁜 점, 부정적인 측면, 빼기, 약점, 아이디어가 가지고 있는 나쁜 점, '왜 그것을 좋아하지 않는가?'

I(Interesting)

· 좋지도 나쁘지도 않지만 흥미롭다고 생각되는 점, 새로운 대안, 독특한 점

PMI 기법은 표면적으로는 좋은 의견처럼 보이지만 막상 들여다보면 단점이 많은 의견을 섣부르게 판단해서 기각하지 않거나, 반대로 단점이 많아 보이지만 실제로는 좋은 의견일 경우 이를 배제하지 않기 위해 쓰인다. 감정에 따른 순간적인 판단을 지양하고 제안된 의견의 장단점을 균형 있게 고려함으로써 합리적으로 판단할 수 있는 방법이다.

예를 들어보자. 한 기업에서 변화하는 기업 환경에 맞춰 조직 내부의 소통을 강화하고 창의적인 업무 환경을 조성하기 위해 현재 존재하는 모든 직급을 없애버렸다. 그리고 'ㅇㅇㅇ 님'이라는 호칭으로 부르는 직급 파괴를 실시하기로 했다고 해보자. 이 제도가 잘 정착될까? 긍정적인 측면, 부정적인 측면도 있을 텐데 직원들은 어떤 점을 수용할 수 있고 어떤 점을 거부할까?

P(Plus)

- 직급의 파괴로 모든 직원이 동등한 위치에서 의사소통할 수 있으므로 소통이 원활해진다.

- 직급과 역할이 서로 불일치해서 발생하는 R&R(Role & Responsibility, 역할과 책임)의 애매모호함이 줄어들 수 있다(특히 과장이나 차장 등 중간관리자들의 경우).

- 하위 직급에 있는 사람들이 상위 직급에 있는 사람들의 눈치를 보지 않아 자유롭게 자신의 의견을 드러낼 수 있고 수평적 협력을 통해 팀 시너지를 높일 수 있다.

- 직급별 단계를 거치지 않으므로 의사소통과 의사결정이 신속해진다.

- 연공서열보다는 능력에 의해 대우받을 수 있으므로 주인의식과 몰입감이 높아질 수 있다.

- 상위 직급은 하위 직급에게, 하위 직급은 상위 직급에게 책임을 떠넘기는 일이 사라지고 각자의 업무에 몰입할 수 있다.

M(Minus)

- 차장이나 부장 등 상위 직급은 하루아침에 직급을 박탈당함으로써 상대적인 허탈감을 느낄 수 있다.

- 직급이 없어짐으로써 사회적으로 드러낼 수 있는 신분이 사라져 사기가 떨어질 수 있다.

- 정기적인 승진에 따른 동기부여 효과를 기대할 수 없다.

- 여전히 암암리에 부장이나 차장, 과장 등 직급으로 부르는 일들이 발생하고 연공서열을 따질 것이며 그로 인해 의사소통이 자유롭지 못할 것이다.

- 기존에 상위 직급에 있던 사람들이 하위 직급에 있던 사람들을 불편하게 대하거나

눈에 보이지 않는 장벽이 생길 수 있다.

I(Interesting)

· '○○○ 님'이라는 호칭으로 부르는 것이 어색하다.

· 나이 든 사람들에게 '○○○ 님'으로 부르기가 어려워 편하게 대화를 하지 않으려고
할 것이다.

· 모든 사람을 '○○○ 님'으로 부르기보다는 상위 직급은 시니어, 하위 직급은 주니어
로 부르면 편할 것이다.

· '○○○ 님'보다는 영어 이름을 만들어 부르면 편리할 것 같다.

PMI 기법을 활용하면 앞서 언급한 것과 같이 아이디어를 실행할 때
발생할 수 있는 장점뿐만 아니라 예상되는 단점과 사전에 고려해야
할 요소들에 대해서도 생각을 떠올릴 수 있다. 미처 생각하지 못했던
것들에 대해 다채로운 관점에서 바라보며 폭넓게 생각을 펼칠 수 있
는 장점이 있다.

예상 가능한 문제점 파악하기 ❷ ALU 기법

ALU라는 기법도 이와 유사하다. ALU는 이점(Advantage), 한계
(Limitation), 차별점(Unique Qualities)을 일컫는 단어들의 약자로 아이
디어의 장점이나 아이디어를 적용했을 때 유리한 점, 아이디어의 한계
나 단점, 아이디어가 가진 차별화 포인트나 독특한 성격 등을 의미한
다. 이 기법은 제시된 아이디어를 보다 생산적으로 발전시킬 수 있으

며 문제 해결에 가장 효율적인 아이디어가 무엇인지를 평가하고 선정할 수 있다. 이를 이용해서 아이디어를 집중적으로 분석하고, 그 결과 드러난 약점들을 수정하고 보완해서 새롭게 다듬어볼 수 있다.

A(Advantage)

· 좋은 점, 긍정적인 측면, 더하기, 강점, 아이디어가 가지고 있는 좋은 점, '왜 그것을 좋아하는가?'

L(Limitation)

· 나쁜 점, 부정적인 측면, 빼기, 약점, 아이디어가 가지고 있는 나쁜 점, '왜 그것을 좋아하지 않는가?'

U(Unique Qualities)

· 좋지도 나쁘지도 않지만 흥미롭다고 생각되는 점, 새로운 대안, 독특한 점

한 예로 정부에서 알코올음료의 주세에 대해 종량제를 도입하려는 시도가 진행 중이다. 종량제란 기존처럼 술의 종류에 대해 일괄적으로 가격을 책정하는 것이 아니라 알코올 함량에 따라 가격을 책정하는 것이다. 즉 알코올 도수가 낮은 맥주는 가격을 낮게 매기고, 맥주보다 알코올 도수가 높은 소주는 맥주보다 높은 가격을 책정하는 것이다. 양주처럼 알코올 도수가 높은 술은 가격이 제일 비싸질 것이다. 이 제도에 대해 ALU 기법을 이용해 분석해볼 수 있을까?

A(Advantage)

· 알코올 도수에 따라 가격을 책정하므로 알코올 도수가 높은 독한 술에 대한 소비가 줄어들 것이다.

· 독한 술에 대한 소비가 줄어들게 됨으로써 국민들의 건강이 나빠지는 것을 막을 수 있다.

L(Limitation)

· 상대적으로 알코올 도수가 높은 소주가 맥주보다 비싸질 것이므로 소주를 애용하는 서민들의 부담이 늘어날 수 있다.

· 양주는 지금보다 더욱 비싸져 쉽게 접할 수 없을 것이다.

U(Unique Qualities)

· 판매 가격을 낮추기 위해 소주의 알코올 함량이 지금보다 낮아질 수 있다.

이 역시 아이디어의 장단점에 대해 사전에 깊이 있게 따져볼 수 있는 기법이다.

예상 가능한 문제점 파악하기 ❸ PPC 기법

PPC라는 기법도 아이디어 점검에 유용하게 활용할 수 있다. PPC는 긍정적인 면(positive), 가능성(possibility), 우려되는 사항(concern)의 약자다. 제안된 아이디어가 어디가 좋은지, 아이디어가 구체적으로 어떤 상황에 응용될 수 있을지, 아직은 염려스럽거나 불안한 점을 어떻게 제거할 것인지를 다룬다.

P(Positive)

· 아이디어의 긍정적인 면, 칭찬할 점, 좋은 점

P(Possibility)

· 아이디어가 적용될 수 있는 구체적인 상황

C(Concern)

· 예상할 수 있는 불안한 점, 염려스러운 점과 그것을 해소하기 위한 방안

예를 들어 도시의 범죄를 줄이기 위해 구석구석 CCTV를 확대 설치하는 법안이 마련되었다고 가정해보자. 이를 PPC 기법을 이용해 분석해보면 다음과 같다.

P(Positive)

· CCTV의 보급으로 범죄의 사각지대가 사라져 범죄가 줄어들 수 있다.

P(Possibility)

· 이면도로나 주택가의 상황을 직접 순찰하지 않고서도 면밀히 살펴볼 수 있다.

C(Concern)

· 범죄자가 아닌 일반인들의 일거수일투족이 노출될 수 있고 감시받는 느낌이 들 수 있다. → CCTV가 설치된 구역은 크게 식별표지판을 만들고 범죄와 관련이 없는 경우 CCTV 촬영 내용을 볼 수 없게 한다.

본격적으로 실행하기 위한 계획 세우기

지금까지 살펴본 방법으로 문제를 해결할 수 있는 아이디어가 구체화되면 다음 단계에서는 실행으로 이어나갈 수 있는 상세한 실행 계획을 수립해야 한다. 일반적으로 기획자들은 실행을 등한시하는 경향이 있어 실행 계획을 주도면밀하게 수립하기보다는 대충 작성할 때가 많다. 그리고 가장 많이 하는 실수 중 하나가 업무를 조직화하지 않는 것이다.

조직화란 실행해야 할 업무의 내용과 조직, 사람, 비용 등 일체의 자원을 상호 연관되도록 배치하는 것을 말한다. 말이 다소 어렵지만 조직화를 통해 문제 해결에 필요한 업무를 수행할 수 있도록 권한과 책임을 부여하며 다양한 자원을 배분하게 된다. 누가 어떤 일을 해야 할지 R&R을 명확히 하고 모니터링이 가능하도록 일정을 수립하며 업무 수행에 필요한 자원을 산출해 배분하는 것이다. 이 부분은 굳이 따지자면 기획이 아닌 계획에 해당되지만 기획은 실행을 포함하는 개념이므로 이것까지 신경 쓰지 않으면 안 된다.

실행 계획 ❶ R&R 명확히 하기

가장 먼저 고려해야 할 것은 R&R을 명확하게 하는 것이다. 회사의 회의 문화가 문제가 많다는 것을 알고 개선안을 만들어오라는 지시를 받았다고 해보자. 열심히 밤을 새워가며 애쓴 끝에 이런 해결책을 준비했다.

첫째, 모든 회의는 반드시 의사결정에 필요한 사람만 참석한다. 둘째, 모든 회의 자료는 반드시 회의 시작 3일 전까지 참석 대상자에게 배포한다. 셋째, 모든 회의는 의사결정 사항 위주로만 진행하며 사전에 참석 대상자들에게 회의 안건을 통보한다. 넷째, 모든 참석 대상자는 회의에 앞서 반드시 자료를 읽어보고 자신의 의견을 정리한 후 참석한다. 다섯째, 모든 회의는 배포 자료에 대한 설명 없이 의사결정 사항에 대해서만 논의한다.

이렇게 해결책이 도출되면 이것으로 끝난 것일까? 그렇지 않다. 실제 행동으로 이어질 수 있도록 필요한 조치와 행동을 취해야 한다. 여기에는 기획자 자신 혹은 기획자의 부서에서 주관해야 할 것도 있고 다른 부서에서 해야 할 일도 있을 것이다. 기획자가 해야 할 일은 스스로 알아서 하면 되지만 다른 부서에서 해야 할 일이라면 해당 부서에 알리고 일이 실행되도록 해야 한다. 그러자면 누가 무슨 일을 언제까지 해야 하는지가 명확히 정해져야 한다.

누가 무슨 일을 언제까지 해야 하는지를 정하려면 사전에 어떤 일들을 해야 하는지가 먼저 정해져야 한다. 그래야만 업무 성격에 따라 적임자에게 업무 배분이 이루어질 수 있다. 해결책은 두루뭉술한 방향만 제시하는 것일 뿐 그 안에서 어떤 일들을 해야 하는지는 말해주지 않는다. 그러므로 해결책을 실천 가능한 단위의 업무로 구체화해야 하는데 이때 활용할 수 있는 방법이 WBS(Work Breakdown Structure)를 그려보는 것이다. WBS란 작업 분류 체계(업무 분업 구조도)라고 하는 것으로서 과제 수행의 목표를 달성하기 위해 수행해야 하는 작업을 산출물 중심의 계층 구조로 세분화해놓은 것을 말한다.

예를 들어 외국의 회의 문화를 도입하기 위해 벤치마킹을 한다고 해보자. 일반적으로 업무 계획을 수립할 때는 '벤치마킹'이라는 항목을 적고 '언제부터 언제까지' 하겠다고 줄을 긋지만 벤치마킹이라는 항목 아래에는 해야 할 일들이 무척 많다. 우선 자료 조사를 해야 하고 벤치마킹하고자 하는 업체를 선정한다. 업체에 벤치마킹을 하고 싶다는 의사를 전달해 허락을 받아야 한다. 허락을 받으면 언제 방문할지 일정 조율도 필요하다. 일정이 정해지면 무엇을 보고 올 것인지 벤치마킹을 위한 질문지를 준비해야 한다. 이 과정에서 아이디어 수렴을 위한 회의가 필요할 수도 있다.

그다음은 실행 계획을 구체적으로 세운다. 먼저 여권을 만들고 비행기 티켓을 구매하고 숙소도 예약해야 한다. 비행기 표를 예매하거나 숙소를 예약할 때 사전에 적합한 업체를 수배하는 작업이 선행돼야 한다. 물론 이런 것들은 별도로 지원해주는 팀이 있긴 하지만 만일 그런 조직이 없다면 모든 것을 기획자가 알아서 해야 한다. 벤치마킹이 끝나면 돌아와서 결과 보고서를 쓴다. 벤치마킹을 통해 얻은 정보를 바탕으로 개선안을 도출하는 것이 핵심이다.

이렇듯 단순히 벤치마킹할 회사를 방문하는 일이지만 계획을 수립

레벨 1	레벨 2	레벨 3	산출물
벤치마킹	사전 조사 및 벤치마킹 업체 확정	자료 조사	벤치마킹 대상 회사 결정
		품의 및 결재	품의서
		공문 작성 및 발송	대상 회사 승인
		일정 조율 및 확정	벤치마킹 일정 확정
	벤치마킹 준비	점검 포인트 수립을 위한 아이디어 회의	주요 점검 사항
		질문지 작성	질문서
		질문지 송부	
	출장 준비	여권 신청 및 발급	여권
		비행편 수배·확정	비행편 예약
		숙소 수배·확정	숙소 예약
		벤치마킹 품의	품의서
	결과 보고	결과 보고서 작성	결과 보고서
		시사점 및 자사 응용 포인트 도출	

'벤치마킹' 사례를 반영한 작업 분류 체계

하고 실행하는 과정은 생각보다 복잡하고 해야 할 일들도 많다.

이런 형태의 작업 분류 체계를 만들어보지 않은 사람은 상당히 낯설 수 있지만 이건 프로젝트 관리의 기본이다. 어쩌면 우리가 하는 모든 과제는 크든 작든 규모에 상관없이 프로젝트라고 할 수 있으므로 이런 구조도를 그려보는 습관을 들이는 것도 필요하다.

이런 작업 분류 체계가 왜 필요한 걸까? 이 분류 체계가 업무 조직화의 기본이 되기 때문이다. 이렇게 업무를 잘게 쪼개야 과제를 완료하는 데 필요한 일이 무엇이며, 이 업무를 하는 데 소요되는 시간이 얼마나 되며, 이 업무는 누가 하고 누구에게 협조를 요청할 것이며, 이 업무를 수행하는 데 비용이 얼마나 들지, 어떤 업무를 먼저 하고 어떤 업무를 나중에 할지 실행 순서를 정할 수 있다. 또한 작업 분류 체계가 있어야 해야 할 일이 제대로 진행되고 있는지 모니터링할 수 있고 일정 관리가 수월해진다.

이렇게 상세한 작업 분류 체계 없이 일을 하다 보면 기간도 비용도 사람도 주먹구구식으로 결정된다. 그 과정에서 많은 실수와 오류가 발생하는 것은 물론이다.

실행 계획 **2** 모니터링 가능한 일정 세우기

일반적으로 실행이 시작되면 목표를 향해 나아가지만 시간이 지나면서 자연스럽게 속도가 늦어진다. 이때 모니터링을 하지 않으면 원래 정해진 목표에 다다르지 못하고 끝날 수도 있다. 과제가 일정대로 혹은 계획대로 진행되는지 중간에 점검 포인트를 두고 진척 상황을 점검해야 한다. 일정보다 늦어진 업무, 계획보다 뒤떨어지는 업무는 목표 궤도에 끌어올린다. 이 지점들이 모니터링 포인트다. 해야 할 일을 작업 분류 체계를 이용해 세분화하지 않으면 이런 모니터링 포인트를 찾아내기 어렵다. 그러면 대부분의 업무는 일정보다 늦어지게 된다.

작업 분류 체계를 이용할 때 얻을 수 있는 또 하나의 장점은 해야 할 일 사이의 선후행 관계를 분명히 알 수 있다는 것이다. 먼저 해야 할 일이 있고 나중에 해야 할 일이 있는데 과제를 상세히 쪼개지 않으면 이를 파악하기가 쉽지 않다. 그래서 이미 오래전에 해놨어야 하는 일인데 하지 않고 있다가 나중에 차질을 빚거나 전체 일정이 한없이 늘어지는 경우가 생길 수 있다.

일정 계획을 수립할 때 유의해야 할 사항이 또 하나 있다. 자기 편한 대로 일정을 수립하는 것이다. 혼자 하는 일이라면 자신의 편의에 맞춰 계획을 수립해도 문제될 것이 없다. 하지만 공동으로 작업할 상대가 있거나 갑을 관계가 얽혀 있다면 일정 계획을 수립할 때 반드시 조심해야 한다. 앞의 벤치마킹 사례에서도, 우선 벤치마킹 대상 업체의 허락을 받는 과정이 필요하다. 우리 회사가 벤치마킹하고 싶다고 해서 할 수 있는 것이 아니다. 이 과정이 먼저 진행되지 않고서는 후속 일정이 이뤄질 수 없다. 대상 업체의 승인도 받지 않은 상태에서 질문지를 작성하고 비행편과 숙소를 예약했다고 해보자. 대상 업체가 지금 당장은 곤란하고 3개월 후에나 벤치마킹이 가능하다고 하면 어떻게 할 것인가? 모든 계획이 수포로 돌아간다.

실무를 하다 보면 이런 일이 비일비재하게 나타난다. 내가 근무했던 한 회사에서 LCD 패널에 들어가는 광학필름을 생산한 적이 있다. 신제품을 개발하면서 일정을 타이트하게 작성해왔다. 3개월 만에 제품 개발을 완료하고, 3개월 만에 완제품 업체의 성능 테스트를 받고, 다시 3개월 만에 외부 기관의 품질 인증을 받아 9개월 안에 제품을 판매

하겠다는 것이었다.

하지만 완제품 업체의 성능 테스트나 외부 기관의 품질 승인은 우리 회사가 하는 것이 아니다. 몇십만 원짜리 패널을 만드는 완제품 업체에서 몇백 원짜리 광학필름을 교체하기 위해 우리가 원하는 시간에 성능 테스트를 해줄 리 없고 한 번으로 성공할 리 없다. 외부 기관의 품질 인증 또한 마찬가지다. 돈을 주고 품질 인증을 받는다고 해서 언제든 우리가 원하는 시간에 받을 수 있는 것이 아니다. 품질 인증을 받으려는 업체가 밀려 있을 수 있고, 인증에 소요되는 시간도 우리의 뜻대로 되는 것이 아니다.

사업부에서 이렇게 무모한 계획을 가지고 왔을 때 나는 일정에 대한 피드백과 경고를 수없이 했다. 그럼에도 불구하고 마음이 급한 사업부는 자신 있다며 밀어붙였고, 결국 새 필름 개발 사업은 무려 1년 반 동안이나 지연된 끝에 사업에서 철수하고 말았다.

정리해보자. 작업 분류 체계를 만든 다음에는 각각의 단위 작업에 소요되는 시간들을 추정하고 선후행 관계를 고려해 모니터링 가능한 수준에서 전체 일정 계획을 수립한다. 그리고 작업 분류 체계의 단위 작업별로 그 일을 하기 위해 어느 정도의 예산과 인원이 소모되는지 추정하고 이것을 종합해 전체 필요 예산이나 인원을 도출한다. 이렇게 하면 대략 '감'으로 하는 것보다 훨씬 정밀한 추정치를 얻을 수 있다.

또한 작업 분류 체계의 맨 하위 단계에 있는 단위 작업은 담당자가 명시되어야 한다. 실무자들이 가장 많이 하는 실수 중 하나가 일을 추진할 담당자를 명시하지 않는 것이다. 과제를 아무리 열심히 분석하고 고민해서 해결책을 이끌어냈어도 담당자가 명시되지 않으면 아무 소용이 없다.

앞서 예로 든 회의 방식 개선 방안에 대해 임원회의에서 발표가 끝나고 모두 좋은 안이라며 긍정적 반응을 보였다고 해보자. 회의가 끝나고 총무부서 또는 인사부서의 담당 임원을 찾아가 "이대로 해주세요." 하면 "그래, 기다렸어."라며 넙죽 해줄 것 같은가? 거의 대부분은 "내가 왜?"라는 반응을 보일 것이다. 당황스러운 표정으로 "저, 아까 임원회의 할 때 좋다고 하셨잖습니까?"라고 물으면 "그건 내가 하게 될 줄 모르고 그런 거지."라는 답변이 돌아온다. 애초에 어느 부서의 누가 책임자라는 것을 명시하면 이런 문제를 막을 수 있다.

아무리 좋은 아이디어라도 실행되지 않으면 일장춘몽에 불과하다. 아이디어는 말 그대로 아이디어일 뿐, 실제로 실현하기 위해서는 육하원칙에 따라 구체적인 실천 계획이 수립되어야 한다. 또 그 계획을 실행하고 모니터링할 수 있도록 자원과 인원, 시간을 배분하는 조직화가 필요하다. 그래야 비로소 보고서가 별도의 실행계획 없이도 완결성을 갖추게 되고 상사로부터 "이게 되겠어?", "어떻게 할 건데?"라는 질문을 받지 않게 된다. 두루뭉술한 아이디어에서 한 걸음 더 나아가는 것이 실행에 가까워지는 지름길이다.

빅픽처를 그리는
치밀함을 가져라

보고 도중 상사가 이런 질문을 할 때가 있다. "이러이러한 것은 생각해봤어?" 만일 상사가 지적한 문제에 대해 사전에 검토했다면 자신 있게 답할 수 있겠지만, 그렇지 않으면 그처럼 사람을 당황하게 만드는 질문도 없을 것이다. 상사는 자신이 지적한 문제에 대해 실무자가 검토해봤기를 바라는 마음으로 질문했는데, 대답이 부정적이라면 난감하기 그지없다. 그럴 때면 꼭 나오는 이야기가 "왜 그렇게 시야가 좁아?", "그렇게 생각이 짧아서 되겠어?"이다.

기획에서 사고의 폭을 넓혀 다양하게 관찰하고 조사하는 것은 필수다. 제한된 생각은 제한된 답을 부르기 마련이다. 넓게 봐야만 그 안에서 다양한 현상과 원인, 다양한 해결 방법을 찾을 수 있다. 그뿐 아니라 넓게 봐야만 보이는 것이 있다. 바로 '상호 연계성'이라는 것이다. 우리가 살아가는 세상의 그 어느 것도 세상과 상호작용하지 않고 독단적으로 살아갈 수 있는 것은 없다. 외부의 누군가로부터 인풋을 받아 내부적 처리를 거친 후 아웃풋을 만들어내면 그것은 또 다른 누군가의 인풋으로 연결된다. 그렇게 세상은 서로 맞물려 돌아간다. 그것을 시스템이라고 한다.

회사는 하나의 거대한 시스템이다. 내가 일을 하기 위해서는 누군가로부터의 입력이 필요하다. 마치 컨베이어벨트로 만들어진 생산 현장의 한 파트처럼 혼자서는 아무 일도 할 수 없다. 문제의 상황이나 원인, 관련된 모든 정보가 입력되고 내부의 사고 메커니즘을 거친 후 출력이 된다. 그리고 그 출력은 다시 누군가를 움직이는 입력이 된다. 누군가를 움직이는 입력이 되지 못하는 기획의 출력은 쓸모없다.

이런 상호작용은 생각보다 단순하지 않다. 내가 만들어낸 업무의 결과물은 누군가의 입력이 될 수 있지만 그 누군가가 만들어낸 출력물이 돌고 돌아 다시 나의 입력물이 될 수도 있다. 그래서 기획을 하는 사람들은 이런 상호 연관 관계, 다시 말해 해결하려고 하는 문제가 포함되어 있는 시스템을 넓은 시각으로 관찰할 수 있어야 한다.

머릿속에 제일 먼저 떠오르는 생각을 경계하라

데이비드 허친스David Hutchens가 쓴 《펭귄의 계약》에 나오는 사례를 살펴보자. 남극의 빙산 위에 많은 펭귄들이 살고 있었다. 이들이 살고

있는 빙산에는 엄청나게 많은 대합이 있었지만 바닷속 깊은 곳에서 자라고 있었다. 펭귄들은 폐가 작아 폐활량이 작다 보니 바닷속으로 깊이 잠수할 수 없었고 안타깝게도 대합을 따 먹을 수 없었다.

한편 펭귄이 살고 있는 빙산 인근에 바다코끼리가 살고 있었다. 바다코끼리는 폐가 커서 깊은 바닷속까지 잠수할 수 있었지만 그들이 살고 있는 빙산에는 애석하게도 대합이 자라질 않았다. 그러나 펭귄과 바다코끼리는 서로 영역이 나뉘어 있어 상대방 영역을 침범할 수 없었다. 펭귄들은 풍부한 대합을 가지고 있었지만 그것을 딸 수 없어 굶주렸고, 바다코끼리는 대합이 없어 굶주려야 했다. 이 문제를 해결할 수 있을까?

이 문제에 대해서는 대체적으로 해결책을 잘 찾는다. 펭귄들이 바다코끼리를 고용하거나 상호간 전략적 제휴를 맺으면 된다. 사전에 일정한 비율로 대합을 나눠 갖기로 약정을 하고 바다코끼리가 펭귄 섬의 대합을 채취하는 것이다. 물론 여기서 속임수 등의 변수는 제외하기로 한다. 이렇게 아이디어가 떠오르면 사람들은 그걸 답이라고 쉽게 단정해버린다. 그렇게 성급하게 결론을 내리는 이유는 답을 찾기가 쉽지 않기 때문이다. 특히 기획은 정해진 답이 없다 보니 답을 찾는 데 급급하다. 그래서 아이디어가 떠올랐을 때 다양한 관점에서 폭넓게 살펴보지 못하고 머릿속의 아이디어를 답으로 채택하는 경우가 많다.

하지만 기업은 하나의 시스템이다. 시스템 내의 모든 요소는 서로 긴밀하게 연결되어 있다. 자동차에서 부품 하나가 잘못되면 자동차의 성능 전체에 영향을 미치고 사고로 이어질 수 있는 것처럼, 하나의 문제는 다른 문제와 엮여 있고 그래서 하나의 문제를 해결하면 다른 문제가 뒤따라올 수 있다. 이런 전체적인 구조를 보지 못하면 단편적인 사고에서 나온 생각을 답으로 제시할 수 있다. 숲을 본 후 나무를 봐야 하는데 숲은 보지 못하고 나무만 보는 셈이다. 그래서 문제를 해결할 수 있는 대안이 떠올랐을 경우에는 비판적인 관점에서 폭넓게 보는 습관을 가져야 한다.

비판적이라는 것은 옷을 구매할 때처럼 사고하는 것이다. 옷을 구매할 때 정면의 모습만 보고 구매하는 사람은 없다. 옆으로 돌아보기도 하고 보이지도 않는데 억지로 몸을 돌려 뒤태도 보려고 한다. 이렇듯 정면뿐만 아니라 모든 면을 살펴보려고 하면 정면만 봤을 때 미처 보이지 않던 부분을 살펴볼 수 있다.

사고도 그렇다. 머릿속에 제일 먼저 떠오르는 해결책은 정면만 바라보는 것이나 다를 바 없다. 그것만 보면 옆면이나 뒷면에서 뒤따라오는 문제를 알 수 없다. 최선의 선택을 하기 위해서는 모든 측면에서 고려할 수 있는 모든 해결책을 떠올려야 한다. 그리고 하나의 대안을 선택했을 때 예상되는 장애 요인과 리스크, 그에 대한 대응책 등까지 깊이 있게 고려해야 한다. 선택할 수 있는 모든 가능한 대안을 고려했는지, 결론을 끌어내는 추론 과정은 유효한지, 해결책의 결과를 예측할 수 있는지, 해결책으로 야기될 수 있는 또 다른 문제는 없는지 등을 깊이 있게 고민해야 하는 것이다.

예상되는 문제에 대안은 충분히 있는가

펭귄과 바다코끼리의 얘기로 돌아가자. 한동안은 바다코끼리가 따준 대합으로 펭귄과 바다코끼리 모두 행복한 시간을 보낼 것이다. 하지만 시간이 지나고 인근에 소문이 나면 다른 빙산에서 펭귄들이 몰려들 수 있다. 펭귄들이 몰려오면 더 많은 대합이 필요하게 되고, 따라서 그것을 채취할 수 있는 더 많은 바다코끼리들이 필요해진다.

빙산의 크기는 제한돼 있는데 펭귄도, 바다코끼리도 폭발적으로 늘어나다 보니 예전에는 없었던 사건 사고들이 발생한다. 대합을 놓고 서로 더 많이 갖기 위해 분쟁이 늘어나고 바다코끼리에 깔려 죽는 펭귄들이 생겨난다. 또한 너무 많아진 바다코끼리와 펭귄 때문에 빙산의 정원이 초과되고 빙산이 가라앉는 문제도 발생할 수 있다. 이것이 펭귄과 바다코끼리가 전략적 제휴를 맺고 대합을 채취할 때 나타날 수 있는 예상 문제다.

그렇다면 이 문제를 그냥 두어야 할까? 분쟁이 생겨 서로 치고받고 싸우다 보면 자연스럽게 조정될 가능성도 있으니 말이다. 물론 그래서는 안 된다. 예상되는 문제가 있으면 적절한 대응책도 있어야 한다. 데이비드 허친스는 다음과 같은 해결책을 제시했다. 우선 빙산에 살 수 있는 펭귄과 바다코끼리의 정원을 제한한다. 채취한 대합은 인근의 가라앉지 않는 육지로 옮겨놓고 필요한 만큼만 펭귄들이 사는 빙산으로 옮긴다. 다른 빙산들도 마찬가지로 정원을 제한하고 채취한 대합은 필요한 만큼만 가져온다.

이처럼 하나의 문제를 해결하기 위해 나온 대안은 또 다른 문제를 야기할 수 있다. 아마존의 나비가 날개를 펄럭이면 북경의 천안문에 태풍이 분다는 '나비 이론'처럼 하나의 문제가 다른 곳에서 예상치 못한 큰 문제를 불러올 수 있다. 이런 것들을 놓치지 않고 봐야 제대로 된 기획이라고 할 수 있다.

물론 요즘처럼 복잡한 세상에서 모든 인과관계를 놓치지 않고 고려한다는 것은 불가능에 가까울지도 모르지만 적어도 그런 노력은 필요하다. 그렇게 예상되는 문제가 있으면 그것을 고려한 대안이 제시되어야 한다. 펭귄과 바다코끼리의 사례에서 대안은 상호간의 전략적 제휴가 아니라 상호간 전략적 제휴를 하되 대합은 인근의 육지로 옮기고 펭귄이 살던 섬에는 정원을 제한하는 제도를 만든다는 것이 되어야 한다.

만일 이런 시스템적 사고가 부족하면 손바닥 뒤집기처럼 사고하게 된다. 즉 문제가 손바닥이라면 단순히 뒤집어서 손등을 해결책이라고 내놓는 것이다. 이를 '선형적 사고'라고도 하는데 현상의 반대를 결론으로 삼는 것이다. 예를 들어 몸이 몹시 피곤하다고 해보자. 손바닥 뒤집기 식으로 생각하면 피곤함을 덜기 위해 휴가를 내고 쉬어야 한다. 하지만 피곤함의 원인이 단순히 피로 때문이 아니라면? 간이 나빠져서 간 기능이 저하되었거나 일이 적성에 맞지 않아 재미가 없거나 주변에 꼴 보기 싫은 사람이 있기 때문에 피곤함을 느낄 수도 있다. 이런 경우는 휴가를 내고 하루 쉰다고 해서 피로가 풀리지는 않는다.

나무를 보기 전에 숲을 보라

제품이 잘 안 팔리고 매출이 줄어들 때 선형적 사고로 생각하면 홍보를 강화하거나 고객 이벤트 같은 마케팅을 통해 매출을 늘릴 수 있는 방안만 찾는다. 하지만 근본적으로 환경 자체가 달라졌기 때문이거나 소비자의 성향이 달라졌기 때문일 수도 있다. 예를 들어 분유를 만드는 회사의 분유 매출, 아기 용품을 만드는 업체의 국내 매출은 매년 하락할 수밖에 없다. 해마다 출산율이 떨어지고 있기 때문이다.

이럴 때 '분유 하나 사면 하나 더' 같은 경품 행사를 한다고 해서 집나간 매출이 돌아오지 않는다. 매출이 하락할 수밖에 없는 사회적 구조로 이동하고 있기 때문이다. 이런 상황에서 영업이나 마케팅에 힘을 쏟아봐야 소용이 없다. 타깃 시장을 바꾸거나 획기적인 비즈니스 모델을 도입하거나 해외 시장을 겨냥하는 등 다른 방안을 찾아야 한다. 선형적 사고는 증상만 보고 처방한다는 의미에서 대증요법적 처방이라고도 할 수 있다.

실제로 선형적 사고 때문에 벌어진 대재앙이 있었다. 중국의 마오쩌둥이 장제스를 물리치고 공산 정권을 수립한 후 1958~1960년 사이에 중국에서는 약 4,000만 명이라는 놀라운 숫자의 사람들이 굶어 죽는 대기근이 발생했다. 4,000만 명이라고 하면 거의 한국 인구와 맞먹을 정도로 엄청난 규모다. 그런데 이 끔찍한 재앙이 자연적으로 발생한 것이 아니라 놀랍게도 마오쩌둥의 말 한마디에서 비롯되었다.

마오쩌둥은 정권을 잡은 후 식량 부족 문제를 해결하기 위해 노심초사했다. 그러던 어느 날, 한 농촌 마을을 시찰하던 중 벼를 쪼아 먹고 있는 참새들을 발견했다. 사람들이 먹을 것이 없어 굶어 죽는데 아까운 곡식을 참새들이 먹는 모습을 본 마오쩌둥은 분노하며 소리쳤다. "저 새는 해로운 새다. 저 새를 모조리 잡아 죽여라." 이 말 한마디로 참새는 순식간에 쥐와 모기, 파리와 함께 4가지 해로운 개체(사해四害)로 분류됐고 졸지에 타도의 대상이 되었다. 중국 전역에서 참새 섬멸을 위한 정책들이 시행되었고 몇 달 만에 중국 내 참새의 씨가 마르다시피 했다.

참새가 사라지자 마오쩌둥을 비롯한 중국 공산당 간부들은 식량이 늘어나 굶어 죽는 사람의 숫자가 줄어들 것으로 기대했으나 실상은 그와 정반대였다. 참새 소탕 작전이 벌어진 첫해 수확량이 줄어든 것을 시작으로 이후 몇 년에 걸쳐 벼의 수확량은 급속도로 감소했다. 먹을 것이 없어지자 기하급수적으로 사람들이 죽어나가기 시작했다. 문제는 바로 먹이사슬의 파괴에 있었다. 참새는 벼를 먹기도 하지만 벼에 해로운 벌레나 곤충들을 잡아먹기도 한다. 하지만 참새가 사라지자

해충들을 막을 방법이 사라졌고 농작물도 각종 병충해에 시달리다 결실을 맺지 못하고 말라죽은 것이다.

그럼에도 불구하고 마오쩌둥은 참새 소탕 작전을 밀어붙였고 상황은 점점 더 악화되어 중국 전역에서 굶어 죽는 사람들의 숫자가 눈덩이처럼 불어났다. 뒤늦게 사태의 심각성을 깨닫고 생태계를 복원시키기 위해 구소련에서 비밀리에 참새를 수입했다. 하지만 무너진 먹이사슬을 당장 되돌릴 수는 없었다. 결국 자연스럽게 생태계가 복원될 때까지 몇 년의 시간이 더 걸렸고 그동안 더 많은 사람들이 굶어 죽어야 했다. 심지어 일부 지역에서는 죽은 사람의 시신을 먹는 일까지 생겨났다고 하니 상황이 얼마나 끔찍했는지 상상조차 힘들 것이다.

생태계와 마찬가지로 기업은 특정한 목표 아래 각 부분들이 복잡하고 통일된 전체를 구성하기 위해 모인 하나의 집합이고 거대한 시스템이라 할 수 있다. 기업 내의 모든 부문이 내부의 다른 부문 혹은 외부의 투자자나 파트너들과 상호작용하면서 깊이 관련되어 있고 서로 의존한다. 이렇게 기업 내 모든 부문이 서로 연계되어 있음을 인식하고 전체적인 시각에서 상황을 바라보는 방식이 시스템 사고다.

시스템 사고를 하면 부분이 아니라 전체적인 관점에서 시스템을 보다 효과적으로 변화시킬 수 있는 해결책을 대안으로 제시할 수 있다. 앞서 말한 것처럼 나무를 보기 전에 먼저 숲을 보는 것이다. 시스템 사고를 통해서만이 문제를 발생시키는 구조를 발견할 수 있고, 이를 수정해야만 문제 발생 요인을 제거할 수 있다.

하나의 문제는 다른 문제와 다양하게 얽혀 있다. 하나의 문제를 해결하려면 관련된 또 다른 문제를 고려하지 않으면 안 된다. 즉 팀이나 부서가 아닌 회사 전체적인 측면에서의 긍정적 측면과 부정적 측면을 균형 있게 고려하고 대안을 제시했을 때 예상되는 리스크와 대응 방안, 향후 과제 등이 제시되어야 한다. 이런 사고의 훈련이 몸에 배지 않으면 단편적인 사고만 하게 되고 기획 역량은 향상되기 어렵다.

고구마 줄기 같은 해결책이 효과적이다

시스템 사고를 해야 하는 또 다른 이유는 지렛대 효과 때문이다. 혹시 고구마 농사를 짓거나 주말 농장을 해봤다면 알겠지만, 고구마 수확 철이 되어 고구마를 캘 때 줄기를 들어 올리다 보면 어떤 부분은 힘들이지 않고도 손쉽게 줄줄이 뽑아낼 수 있다. 그런데 어떤 부분은 잘 캐지지도 않고 줄기가 뚝뚝 끊어져버리고 만다. 어느 쪽이 수확하기 편할까? 당연히 줄줄이 딸려 나오는 쪽이 수확하기가 수월하다.

문제를 해결할 때도 마찬가지다. 어떤 문제는 일부 영역에만 영향을 미치고 어떤 문제는 시스템 전체에 치명적인 영향을 미친다. 어떤 해결책은 부분적으로만 효과를 발휘할 수 있고, 어떤 해결책은 시스템 전체를 획기적으로 바꿔놓을 수 있다. 기획자는 문제 해결 과정에서 바로 이렇게 시스템 전체에 영향을 미치는 문제, 시스템 전체를 획기적으로 바꿔놓을 수 있는 해결책을 찾아야 한다. 그럴수록 이를 제거하거나 적용함으로써 얻을 수 있는 효용이 크기 때문이다. 똑같은 시간을 공을 들여도 부분적으로 영향을 미치는 문제나 해결책보다는 전체적으로 영향을 미치는 문제나 해결책을 다루는 것이 훨씬 효과적이다.

이것이 고구마 줄기, 전략적 지렛대다. 시스템을 전체적으로 바라보는 눈을 기르지 않으면 이런 지렛대를 찾기 어렵다. 지렛대를 찾지 못하면 아무리 노력해도 힘만 더 들 뿐이다. 똑같은 시간을 일해도 어떤 사람은 일을 잘하고 어떤 사람은 일을 잘 못하는 차이가 이런 데서 나오기도 한다. 전략적 지렛대를 잘 찾아내면 보고를 받는 사람의 입장에서도 기획자를 바라보는 시선이 달라질 수 있다. 시스템 전체를 보고 접근하는 사람은 생각이 편협하지 않아 보이지만, 일부만 보고 접근하는 사람은 시야가 좁아 보일 수 있다.

기획자라면 한 발 더 멀리 내다보라

시스템 사고를 하는 과정을 사례를 통해 연습해보자. 예를 들어 한 화장품 회사의 직원이 되었다고 생각해보자. 마케팅 팀에서는 최근 소비자들의 소비 트렌드에 맞춰 오프라인 매장과 방문 카운슬러를 줄이

고 온라인과 모바일을 이용한 디지털 커머스를 늘려나가는 계획을 추진하려고 한다. 이 회사는 마케팅 팀의 계획대로 오프라인 채널을 줄이고 디지털 커머스를 늘려나가도 괜찮을까?

의사결정을 내리기에 앞서 이로 인해 발생할 수 있는 문제를 모두 나열해보고 향후 과제와 리스크를 생각해봐야 한다. 먼저 긍정적인 측면부터 생각해보자. 긍정적인 효과는 어떤 것들을 떠올릴 수 있을까?

우선 마케팅 채널을 오프라인 위주에서 온라인 위주로 바꾸면 그런 수단에 익숙한 젊은 소비자들을 확보하기가 용이해질 것이다. 이런 마케팅 채널은 미래의 변화 트렌드와도 일치하므로 오프라인 위주로 되어 있던 채널을 다양화하는 효과도 있다. 일반적으로 오프라인보다는 온라인을 통한 고객 데이터 수집이 더 용이하므로 이를 이용한 빅데이터 분석이나 활용이라는 측면에서 4차 산업혁명에 대비한 수단으로서도 나쁘지 않다. 이런 요소들은 긍정적 효과라 할 것이다.

반면에 부정적 효과도 예상해볼 수 있다. 화장품은 직접 피부에 발라보고 냄새도 맡아보는 등 오감을 활용해 구매하는 제품이다 보니 체험이 매우 중요하다. 그러나 온라인에서는 이런 활동을 할 수 없으므로 고객 불편과 불만이 증가할 것이다. 만일 이 회사가 화장품 업계에서 오랜 업력을 쌓아왔다면 오프라인 마케팅 활동을 축소한다는 것은 그들이 가지고 있는 전통적인 마케팅 부문의 경쟁우위를 포기하는 것이나 다름없다.

오프라인 매장과 방문 카운슬러를 줄인다면 현재 관련된 업무를 수행 중인 직원들에 대한 구조조정도 필요하다. 장기적인 저성장 시대에 인적 구조조정을 단행한다면 이에 따른 사회적 비난이 끊이지 않을 것이다. 어쩌면 비도덕적인 회사로 낙인찍힐 수도 있고 조직적인 불매 운동이 일어날지도 모른다. 이런 문제들은 생각보다 기업 경영에 큰 장애물로 작용할 수 있다. 그렇다면 제도를 시행하기 전에 이런 문제들을 해결할 수 있는지 충분한 검토가 뒤따라야 한다.

우선은 전통적인 오프라인 채널을 포기하고 온라인 채널을 선택함으로써 디지털 커머스 분야에서 마케팅 경쟁우위를 확보할 수 있는 방안이 있는지 살펴봐야 한다. 내부적인 역량을 충분히 검토해본 후, 만일 내부 역량만으로 부족하다면 외부의 힘을 아웃소싱할 수 있는 방안도 검토해야 한다. 나이 든 고객들 또는 직접 체험을 원하는 고객들을 대상으로 제품 사용 기회를 늘림으로써 소비자의 이탈을 방지할 수 있는 대책도 필요하다. 기업 이미지가 하락하거나 혹시 모를 법적 분쟁을 해결할 수 있는 방안도 강구해야 한다. 이 모든 것이 예상되는 장애 요인이고 리스크이므로 이런 것을 놓치면 질문 공세를 피할 수 없다.

기획을 하는 사람들은 늘 한 발 더 멀리 내다볼 수 있어야 한다. 남들이 보지 못한 것, 남들이 미처 생각하지 못했던 것을 내다보는 게 기획자의 역할이다. 큰 그림, 즉 숲을 봐야만 그 나무가 차지하는 위상을 알 수 있다. 그래야 그 나무를 자를 것인지 다른 나무를 자를 것인지, 아니면 다른 조치를 취할 것인지 알 수 있다. 전체적인 관점에서 큰 그림을 보려는 노력이 필요하다.

Chapter
8

상사를 알면
백전백승이다

어느 보고서에 다음과 같은 표가 있다고 생각해보자. 실제 기업의 보고서에서 가져온 내용이다. 무슨 생각이 드는가?

	2003	04	05	06	07	08	09	10	11	12	2013
자동차 생산량 1,000대	60,259	62,125	64,048	66,032	68,076	70,184	72,357	74,597	79,819	85,407	91,385
승용차	50,056	51,606	53,204	54,851	56,550	58,301	60,106	61,967	66,304	70,946	75,912
경형	6,638	6,844	7,056	7,274	7,499	7,732	7,971	8,218	8,793	9,409	10,067
소형	14,366	14,811	15,270	15,742	16,230	16,732	17,250	17,784	19,029	20,361	21,787
중형	14,090	14,526	14,976	15,440	15,918	16,411	16,919	17,442	18,663	19,970	21,368
대형	3,589	3,700	3,814	3,932	4,054	4,180	4,309	4,442	4,753	5,086	5,442
RV	11,373	11,725	12,089	12,463	12,849	13,247	13,657	14,080	15,065	16,120	17,248
상용차	10,203	10,519	10,845	11,180	11,526	11,883	12,251	12,631	13,515	14,461	15,473
버스	4,756	4,903	5,055	5,211	5,373	5,539	5,710	5,887	6,299	6,740	7,212
트럭	5,447	5,616	5,790	5,969	6,154	6,344	6,541	6,743	7,216	7,721	8,261
Total	60,259	62,125	64,048	66,032	68,076	70,184	72,357	74,597	79,819	85,407	91,385
Growth Rate	3%	3%	3%	3%	3%	3%	3%	3%	3%	3%	3%
Total	3,589	3,700	3,814	16,395	16,903	33,837	40,595	41,852	44,781	47,916	51,270
1000 ㎡	1,615	1,665	1,716	7,378	7,606	15,226	18,268	18,833	20,152	21,562	23,072
적용 Rate	25%	35%	50%	25%	25%	20%	20%	20%	20%	20%	20%
실수요량	404	583	858	1,844	1,902	3,045	3,654	3,767	4,030	4,312	4,614

표를 자세히 보면 뭔가 유추되는 것이 있다. 내용은 중대형이나 RV, 버스 등 자동차에 사용되는 무엇인가에 관한 시장 전망을 다룬 것이

라 추측할 수 있다. 그런데 막상 이 데이터가 무엇을 의미하는지 작성자의 의도는 알 수가 없다. 그 어디에도 관련된 언급이 없으니 말이다. 도대체 이 표를 통해 말하고자 하는 것이 무엇일까? 이런 데이터를 본 상사는 무슨 말을 할까?

대다수의 실무자들이 그렇게 일한다. 실무자 입장에서는 데이터를 많이, 누락 없이 꼼꼼히 챙기는 것이 중요하다. 그래서 모든 데이터를 깨알만 한 크기로 엑셀 프로그램을 이용해 정리한 후 그것을 떡하니 보고서 본문에 붙여 넣는다. 하지만 보고받는 사람의 입장도 그럴까?

만일 그렇게 한다면 상사의 입에서 당장 이런 소리가 나올 것이다. "내가 이런 것까지 알아야 하나?" "그건 실무자들한테나 필요한 데이터고…." 그러면 역시 일이 적성에 맞지 않아 그만두고 해외로 여행이나 떠나야겠다는 생각이 떠오를 것이다.

이것이 바로 기획 업무를 하면서 많은 실무자들이 저지르는 실수다. 모든 데이터는 반드시 가공되고 해석되어야 한다. 다시 말해 모든 데이터는 절대 있는 그대로 보고되어서는 안 되며 반드시 기획자의 머릿속에서 정리가 되어 나와야 한다.

정리라는 것이 단순히 데이터의 내용을 요약만 해서는 안 된다. 중요한 것은 해석이다. 데이터의 내용을 요약하고 압축하는 것이 아니라 기획자만의 언어로 풀어내야 한다는 것이다. 인풋된 내용과 동일하거나 유사한 내용이 아웃풋으로 나오는 것이 아니라, 기획자의 생각과 의견을 담은 전혀 다른 내용이 아웃풋으로 나와야 한다.

데이터를 기획자의 언어로 풀어내라

앞의 데이터는 음영으로 표시된 부분을 요약해서 그것에 대한 기획자의 생각을 보고서에 담아야 한다. 그리고 데이터 자체는 첨부파일로 가야 한다.

〈골목식당〉이라는 프로그램에서 백종원은 식당을 운영하던 초기에 장사가 잘 되는 식당을 돌아다니며 그 식당의 쓰레기통을 뒤지곤 했다고 고백했다. '쓰레기통을 뒤졌다고? 설마 쓰레기통을 뒤져서 남은 음식을 수거해 맛을 본 건가?' 하고 의문을 가질 사람이 있을지 모르겠지만 그게 아니다. 장사가 잘 되는 식당의 쓰레기통을 뒤져보면 그 음식에 어떤 재료들이 들어가는지, 재료들은 어느 회사 제품을 쓰는지, 채소와 같은 부재료들은 어떤 것들이 들어가는지를 파악할 수 있었다는 얘기다.

A마트 X지점의 지점장이 인근 아파트 단지의 쓰레기통을 뒤져보라고 지시했다고 하자. 지시를 받은 직원들은 일주일간 열심히 쓰레기통을 뒤졌다. '내가 이런 짓 하려고 대학을 졸업했나' 하는 자괴심과 함께 말이다. 어쨌거나 일을 완수했는데 나중에 지점장에게 보고할 때 단순히 기저귀가 몇 개, 수박 껍질이 몇 조각, 분유통 몇 개, 라면 봉지가 몇 개 나왔다는 식으로 보고하면 괜찮을까? 지시 사항에 따른 것이니까 그렇게만 해도 될까?

문제는 어떤 쓰레기가 얼마나 나왔는지가 아니다. 아파트 단지에서 일주일간 배출된 쓰레기를 뒤져본 결과 유추할 수 있는 시사점과 그에 따른 지점의 향후 전략 방향을 담아야 한다. 쓰레기통을 뒤져본 결과와 우리 지점의 상품 구성 비교, 그로부터 개선해야 할 점이나 강화해 나가야 할 점, 마케팅 소구점 등을 보고해야 한다. 단순히 데이터를 나열해 보고하는 것은 실무자들에게나 필요한 것이지, 보고를 받는 상사에게 필요한 게 아니다.

A마트 X지점의 사례를 다시 살펴보자.

- 신선 상품의 유통기한이 짧다.
- A마트만의 차별화된 상품이 없다.
- 상품이 품절되어 구입할 수 없는 경우가 자주 있다.
- 고객이 상품에 대해 물어봐도 직원이 자신 있게 설명하지 못해 매니저를 찾는 경우가 많다.
- 품질이나 가격 측면에서 경쟁력이 없다.

위와 같은 5개의 고객의 소리가 있다고 해보자. 이것은 우리가 말하는 원 정보raw data다. 이것을 그대로 상사에게 전달할 수는 없다. 여기에서는 보기로 5개만 언급했지만 실제 상황에서는 고객의 소리가 수백, 수천 개가 될 수 있는데 무슨 수로 그 많은 것을 다 보고한단 말인가? 그러므로 이런 원 정보는 가공해서 보고해야 한다. 그러면 어떻게 가공해야 할까?

우선은 5개의 내용을 압축해야 한다. '압축'은 물리적으로 내용을 줄이라는 것이 아니라 5개의 내용이 누락되지 않으면서도 기획자의 생각을 담아내야 한다는 말이다. 이 5개 정보를 압축해서 다음과 같은 메시지를 끌어냈다고 해보자.

신선 상품의 짧은 유통기한과 잦은 품절, 차별화되지 않고 경쟁력 없는 상품

이 메시지는 고객의 소리 5가지를 잘 대변하고 있는가? 이렇게 정리해서 상사에게 보고하면 괜찮을까? 그렇지 않다. 이건 단순히 데이터를 물리적으로 요약한 것일 뿐이다. 고객의 소리들이 누락되어 있진 않지만, A마트의 X지점이 어떤 상황에 있다는 기획자의 생각은 포함되지 않았다. 이런 식으로 자료를 정리하면 상사로부터 "당신 생각은 뭐야?"라는 지적을 받게 된다.

데이터를 종합했을 때 그것이 시사하는 바를 '압축'된 내용 속에 담으려고 해야 한다. 그래야 기획자의 생각이 녹아 들어갈 수 있다. 앞서 제시한 예시에서 이 5개의 고객의 소리는 '상품이나 직원의 역량 모두 경쟁력이 떨어진다'는 것을 의미한다고 했다.

상사에게 정보를 전달할 때 이런 관점은 기획자가 지켜야 할 기본 중의 기본이다. 하지만 강의실에서 실습을 해보면 많은 이들이 데이터를 보면서 해석하기보다는 요약하는 것을 볼 수 있다. 이는 자신의 생

각을 드러낼 여지를 원천적으로 차단하는 일이다. 보고서를 읽는 상사는 보고 내용 구석구석에서 기획자의 생각을 읽어내고 싶어 한다는 사실을 기억해야 한다.

일 잘하는 사람은 기획에 지혜를 담는다

실무자가 업무를 하면서 주위에서 수집하는 모든 자료를 데이터data라고 한다. 가공되지 않은 모든 자료는 데이터다. 목적을 가지고 일정한 기준을 정해 데이터를 추려내면 그것은 정보information가 된다. 즉 데이터에서 불필요한 것은 버리고 추려낼 것은 추려내고 목적에 맞게 그룹핑하거나 정렬시킨 것이 정보다.

정보를 가공해서 그 안에서 의미를 추출해내면 이를 가리켜 지능intelligence이라고 한다. 미국의 CIA는 중앙정보국이라고 하지만 여기서 I는 Information(정보)이 아니라 Intelligence(지능)의 약자다. 그냥 수집된 데이터를 분류만 하는 것이 아니라 그 안에서 의미를 추출해내는 것이 CIA가 하는 일이라는 뜻이다. 의미를 추출해내는 일이 바로 앞서 말한 기획자의 입장에서 '해석'하는 일이다. 최소한 여기까지는 이르러야 기획의 의미가 있다.

하지만 여기서 멈춰서는 안 된다. 한 단계 더 나아가야 한다. 자신이 해석한 내용을 바탕으로 창의적인 전략이나 대안을 덧붙이려는 노력을 해야 하는데 이것이 바로 지혜wisdom다. 대개 실무자들은 데이터와 정보의 수준에서 보고서를 작성하지만 보고받는 사람은 기획자의 의견과 전략이 담긴 지능, 또는 지혜의 수준을 보고받고 싶어 한다. 그런

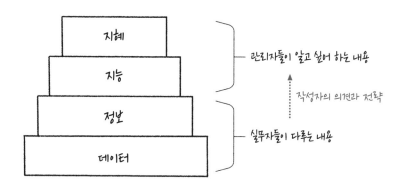

관리자와 실무자의 서로 다른 니즈

것이 있어야 기획자의 생각이나 의견을 읽을 수 있으니 말이다.

기획의 결과로 나타나는 보고서는 철저하게 상사, 즉 보고받는 사람의 입장을 고려해 작성되어야 한다. 보고서에 들어가는 데이터 하나, 문구 하나는 모두 보고받는 사람이 편하게 보도록 배치해야 한다. 그 이유는 문서를 작성하는 이유가 그것을 읽고 상사가 궁금한 사항이나 의사결정을 내려야 하는 사항, 실행을 촉진할 수 있는 사항에 대해 판단할 수 있어야 하기 때문이다.

그런데 문서에 기획자의 생각은 쏙 빠져 있고 데이터나 정보만 들어 있으면 보고를 받는 사람은 그 문서를 읽고 '해석'해야 한다. 기획자가 해야 할 일을 상사에게 떠넘기는 것이다. 그 문서를 읽은 상사는 '이 사람은 무슨 생각을 하고 있는 거지?'라는 궁금증이 들 수밖에 없다. "당신 생각은 뭔데?"라는 질문이 따라 나오는 게 이상하지 않다. 다음 대화를 한번 보자.

> 실무자: 바람이 심하게 불고 있습니다.
> 팀장: 그래서?
> 실무자: 곤충들이 아주 바쁘게 움직이고 있습니다.
> 팀장: 그래서?
> 실무자: 먹구름이 몰려오고 있습니다.
> 팀장: 그래서 어쨌다고? 하고 싶은 말이 뭔데?

윗사람들은 이런 식으로 대화를 나누고 싶어 하지 않는다.

> 실무자: 팀장님, 폭풍이 몰려올 것 같습니다. 안전 점검을 하고 피해가 없도록 대책을 준비하겠습니다. 그리고 만일을 대비해서 비상대기조를 가동하겠습니다.

상사는 이렇게 대화를 나누고 싶어 한다. 읽는 사람이 해석하도록 만드는 문서는 결코 좋은 문서가 아니다. 해석은 기획자의 몫이다. 보고받는 사람은 기획자가 제시한 의견을 읽고 판단하는 역할을 해야 한다. 그것이 일을 잘하는 사람과 못하는 사람의 차이다. 일을 잘하는 사람은 늘 나름의 사고 메커니즘을 동원해 자신만의 의견을 도출하고 제시하려고 하지만, 일을 못하는 사람은 단순히 정보를 정리하는 수준에서 그치고 만다. 지금 하는 수준에서 한 단계만 더 나아가라. 기획은 '요약'이 아니라 '해석'임을 명심하면 기획의 수준이 한 단계 성장할 수 있다.

상사의 기대를 뛰어넘는 방법

기획을 잘하려면 늘 상사의 입장에서 생각하고 행동하는 것이 필요하다. 지시를 받았을 때 그냥 '일이 또 하나 떨어졌네. 밤새야겠네'라고 생각하기보다 상사의 입장이 되어 '이 지시를 왜 내렸지? 이 지시를 통해서 알고 싶은 게 뭘까? 이 일의 결과를 어떻게 활용하려고 하지?' 같은 질문을 던져야 한다. 상사의 기대를 파악하고 이를 만족시키려는, 나아가 기대를 뛰어넘으려는 노력을 해야 한다.

L사에 근무할 당시 마흔 살의 나이에 상무가 된 분이 있었다. 아무리 임원 진급이 빨라진다고 해도 마흔 살에 L사 같은 대기업에서 임원

이 된다는 것은 대단한 일이 아닐 수 없다. 아마도 최연소 기록이 아닐까 싶다. 당시 내 나이는 서른여덟이었고 차장이었다. 나와 불과 두 살 차이밖에 안 나는 사람이 어떻게 그렇게 일찍 임원이 될 수 있었는지 궁금했다. 그러던 어느 날, 점심 식사를 같이 하는 자리에서 나는 그에게 어떻게 그렇게 일찍 임원이 될 수 있었느냐고 물었다.

그는 마치 물어보길 기다렸다는 듯이 한 치의 주저함도 없이 대답했다. 자신은 늘 일을 할 때 두 단계 위 상위자의 입장에서 사고하고 행동하려고 노력했다는 것이다. 업무를 지시받을 때 단순히 일이 떨어졌다고 생각한 게 아니라 윗사람 입장에서 궁금한 사항과 해결해야할 일을 생각했으며, 주어진 과제에만 몰입하지 않고 폭넓게 관심을 가졌다고 했다. 보고를 할 때도 실무적인 내용은 제외하고 차상위자가 궁금해할 만한 내용 위주로 보고했다고 한다. 그리고 그것이 마흔이라는 어린 나이에 임원이 될 수 있었던 비결이라며 내게도 그렇게 사고하고 행동하라는 당부를 잊지 않았다.

상사가 기대하는 것이 무엇인지 알아야 상사의 기대를 뛰어넘는 내용을 보고서에 담을 수 있다. 최상은 상사가 기대하는 것 이상을 제공하는 보고서지만 그렇지 못하다면 적어도 기대한 만큼은 충족시킬 수 있어야 한다. 상사의 기대를 알지 못하면 그에 미치지 못하거나 운이 좋으면 겨우 언저리까지 갈 수 있을 뿐이다. 하지만 그래서는 인정받는 기획자가 되기 어렵다. 기획자의 목표는 상사의 기대를 뛰어넘는 것이며, 그러자면 우선은 상사의 기대 사항을 파악해야 한다. 그렇게 되기 위해서는 늘 상사의 입장에서 사고하고 행동해야 한다. 이 말은 보고받는 사람의 직급이나 직위에 따라 보고서의 내용도 달라져야 한다는 뜻이다.

상사는 디테일을, 사장은 비전을 원한다

- - - - - -

예외도 있지만 대체적으로 조직 내에서 직위나 직급이 달라지면 하는 일이 달라지고 그에 따라 바라보는 관점이나 관심 대상이 달라진다. 직속 상사는 구체적인 내용이나 숫자, 디테일한 내용을 중시한다면 위로 올라갈수록 맥락과 거시적인 흐름, 요약된 내용을 중시한다. 팀장은 현재의 문제 해결에 초점을 맞춘다면 직급이 높아질수록 현재보다는 미래에 초점을 맞추려고 한다. 직속 상사가 미시적인 내용에 비중을 더 둔다면 위로 올라갈수록 거시적인 그림을 보고 싶어 한다.

그렇다 보니 실무자의 관점에서 중요한 것들이 위로 올라갈수록 중요하지 않게 여겨질 수 있다. 실무자가 중요하게 여겼던 것들이 빠져나간 자리를 그들의 눈높이에 맞춰야 한다. 그래야만 보고를 받는 사람은 보고 내용에서 편안함을 느낄 수 있고 좋은 보고서라 여길 수 있다.

그러므로 최종 보고받는 사람의 직급이 높아질수록 지나치게 디테일한 데이터, 가공되지 않은 데이터, 실무적인 논의 사항, 지나치게 작은 안건, 기술적인 문제 등은 내용에서 제외하고 큰 방향과 보고의 본질 중심으로 생각해야 한다.

내가 마지막으로 근무했던 회사의 회장님은 전문가를 초빙해서 3D 프린팅에 관한 세미나를 시행하라고 지시를 내린 적이 있다. 아마도 전략 담당 부사장에게 지시한 것 같은데 이것이 여과 없이 실무자인 부장에게 전달되었다. 지시를 받은 부장은 3D 프린팅 엔지니어를 섭외해 기술적인 측면에 초점을 맞춘 세미나를 준비했다. 그리고 전문가를 초빙하기에 앞서 아무래도 자신이 없다며 내게 도움을 요청했다. 들여다보니 팀장급 수준에나 어울릴 만한 내용으로 기획되어 있었다. 그 부장에게 내가 제일 먼저 한 질문은 이것이었다. "회장님이 세미나를 통해서 알고 싶은 게 뭘까?" 그 질문에 부장은 우물쭈물하며 대답을 하지 못했다. 그래서 이러이러한 관점에서 다시 준비하라고 지시를 내릴 수밖에 없었다.

요구하는 사항, 기대하는 사항이 사뭇 다른데 팀장에게나 사장에게나 동일한 내용을 들이밀면, 그것도 실무자 입장에서 생각한 내용을 들이밀면 좋은 평가를 받을 수 있을까? 절대 그렇지 않다. 일을 잘한다는 것은 보고를 받는 사람이 원하는 걸 맞춰주는 일이기도 하다. 물론 이를 뛰어넘을 수 있다면 그만큼 좋은 것도 없다.

그러자면 우선 상사가 무엇을 기대하는지 알아야 한다. 그 방법 중 하나가 윗사람에 대해 관심을 갖는 것이다. 나도 직장 생활을 할 때는 그랬지만, 대체로 상사는 뒷담화의 대상일 뿐 존경하지 않기에 가급적 멀리하는 사람들이 많다. 하지만 기획을 잘하기 위해서는, 그리고 인정받기 위해서는 상사에 대한 관심이 필요하다.

어느 날 갑자기 낯선 업무와 맞닥뜨리지 않으려면 평소 상사를 눈여겨보는 습관을 길러야 한다. 눈에서 멀어지면 마음마저 멀어진다는 속담이 있듯, 상사를 관찰하지 않으면 관심도 줄어들고 마음도 알 수 없다. 관심이 멀어진 사람의 생각과 기대를 어찌 파악할 것인가?

오직 팩트만이
설득할 수 있다

기획은 객관적인 사실을 바탕으로 주관적인 해결책을 도출하는 과정이라고 할 수 있다. 즉 현상과 원인이라는 객관적인 사실들을 분석해 문제를 일으킨 원인을 제거하거나 해결할 수 있는 창의적인 아이디어를 도출하는 일이 기획이다.

　기획에서 가장 중요한 것은 문제를 정의하고 이를 해결할 수 있는 차별화된 아이디어를 만들어내는 것이지만 창의적인 아이디어를 도출하기 위해서는 올바른 정보를 바탕으로 한 분석이 필요하다. 아무리 사고 과정이 뛰어나도 잘못된 정보를 바탕으로 분석하면 그릇된 원인이 도출되고 이를 제거하거나 방지하기 위한 해결책은 문제를 근원적으로 해결하지 못한다.

　'지피지기면 백전불패'라는 《손자병법》의 말처럼 전쟁에서는 올바른 정보가 승패를 가른다. 이라크전에서 미국은 인공위성자동위치측정시스템GPS을 이용해 지리 정보를 수집했고 폭격 대상 지역에 정밀하게 폭탄을 떨어뜨리는 정밀유도폭탄을 사용했다. 또한 KH-12, 라크로스 등의 위성, U-2, JSTAR, EC-130 등의 정찰기를 사용해 해상도 1미터 내에 있는 각종 정보를 미리 입수하여 활용함으로써 전쟁을 승리로 이끌었다.

제2차 세계대전 당시 영국을 주축으로 한 연합군은 독일의 유보트가 주고받는 암호 체계를 해독할 수 없어 계속 패했다. 하지만 영국의 수학자 앨런 튜링Alan Turing의 헌신적 노력으로 암호를 풀어냈고 비로소 승기를 잡을 수 있었다. 그리고 우리나라뿐 아니라 세계적인 해군 사령관으로 존경받고 있는 이순신 장군 역시 정확한 정보를 바탕으로 승리할 수 있는 싸움만 함으로써 23전 23승이라는 전 세계에서 전무후무한 대기록을 수립했다.

이처럼 정보는 전쟁의 승패를 좌우한다. 마찬가지로 기획에서도 정확한 정보가 기획의 성패를 좌우한다. 따라서 기획자들은 늘 주어진 과제와 관련된 정보에 신경을 쓰지 않으면 안 된다. 하지만 현실에서는 상당수의 사람들이 자료 조사와 분석에 큰 어려움을 겪고 있다. 주어진 과제를 해결하는 데 필요한 정확한 자료를 수집하는 일부터 수집된 자료를 의미 있는 것만 남기고 제거하는 과정, 필요한 정보들을 의미 있게 가공함으로써 원하는 결과를 도출하는 그 모든 과정이 어렵다고 여긴다.

싱싱하고 확실한 재료가 필요하다

  맛있는 음식을 만들기 위해서는 메뉴에 맞는 싱싱한 재료를 사용해야 한다. 생태탕을 끓이려면 신선한 생태와 채소가 필요하다. 그런데 생태가 아닌 동태를 사용하거나 국물을 시원하게 만들어주는 무 대신 오이 같은 채소를 쓰면 제맛이 나지 않는다.

  기획도 제대로 된 결과를 내기 위해서는 제대로 된 정보를 활용해야 한다. 올바르지 않은 정보를 활용하면 보고를 받는 사람의 의심을 받을 수 있다. 보고를 받는 사람이 알고 있는 정보와 기획자가 인용한 정보가 다를 경우 "누가 그래?" 또는 "그건 당신 생각 아냐?"라는 질문이 날아든다. 만일 이런 이야기를 듣는다면 기획자의 입장에서는 치명적일 수 있다. 단순히 핀잔이 아니라 보고받는 사람으로서는 '어, 이거 이상한데?' 하며 의심하고 보고 내용 전체를 불신할 수 있기 때문이다.

  정보를 다룰 때 제일 먼저 고려해야 할 것은 올바른 정보를 올바르게 활용하는 것이다. 무엇보다 모든 정보는 사실fact을 기반으로 해야 하며 기획자의 의견이 개입돼서는 안 된다. 기획자의 의견은 해결책 단계에 비로소 드러나야 한다.

  사실이란 실제로 있었던 일이나 객관적으로 입증할 수 있는 일이다. 의견이란 어떤 현상에 대해 가지는 주관적인 생각으로, 사람에 따라 다를 수 있고 다른 의견이 존재할 수 있다. 예를 들어 '작년 한국의 경제성장률은 2.7퍼센트였다'라고 하면 그건 '사실'이지만 '작년 한국의 경제성장률은 본격적인 저성장 국면으로 접어들었음을 시사한다'고 하면 이는 '의견'이다.

의견에 대해서는 그 의견이 맞다는 것을 입증해야만 한다. 그렇기에 과제의 현상이나 원인을 분석할 때는 반드시 사실을 바탕으로 정리해야 한다. 그리고 그 사실은 거짓이나 왜곡이 담기지 않은 진실된 것이어야 한다.

가끔은 이미 정해진 결론을 이끌어내기 위해 사실을 왜곡하는 경우가 있다. '회장님 숙원 사업' 같은 것이 그런 예다. 상사가 요구하는 답이 정해져 있는데 현장에서 수집한 사실만으로는 답이 나오지 않을 경우 기획자는 갈등하게 된다. 그러다 현장에서 수집한 정보를 조작하거나 상사의 답에 꿰맞출 수 있는 편향된 정보만 활용하기도 한다. 물론 당장은 괜찮을 수 있지만 언젠가는 그로 인해 심각한 문제가 발생할 수 있다.

많은 기업에서 정해진 답을 이끌어내기 위해 사실이 아닌 의견에 가까운 정보를 활용하는 경우가 있는데, 이는 반드시 문제를 일으키므로 주의해야 한다.

기획에 쓰이는 정보의 3가지 원칙

정보를 활용할 때는 다음 3가지를 염두에 두어야 한다. 첫 번째는 업무 수행에 필요한 모든 정보가 누락되지 않고 포함되어 있어야 한다는 것이다. 현상과 관련된 내용, 원인 분석과 관련된 내용, 문제 해결과 관련된 정보 등 단계에 따라 업무를 정확하게 수행하는 데 필요한 모든 정보가 빠짐없이 들어 있어야만 한다.

정보는 현상에서 문제 해결 방안으로 이어지는 징검다리와 같은 것이다. 디딤돌이 빠짐없이 가지런하게 놓여 있어야만 이것을 밟고 건너편으로 건너갈 수 있다. 현상에서 결론에 이르는 과정에 디딤돌이 완벽하지 않으면 결론의 방향을 잘못 잡거나 비약적인 논리가 펼쳐질 수 있다. 그러므로 기획에서는 필요한 모든 정보를 누락 없이 수집해야 한다.

모든 정보가 다 있다고 해서 기획의 질이 높아지는 것은 아니다. 업무에 필요한 정보들은 기본적으로 정확해야만 한다. 이것이 정보 활용의 두 번째 법칙이다. 요즘에는 IT 기술이 발달하다 보니 가짜 뉴스가 마치 진짜 뉴스처럼 사람들 사이를 떠돌아다니고 사회적으로 큰 혼란을 야기하거나 오해를 일으키는 경우도 많다. 그렇다 보니 자칫 왜곡된 정보나 가짜 정보를 모르고 활용했다가 좋지 않은 결과를 초래할 수 있다.

기획 업무에 필요한 정보는 사실만을 담고 있어야 한다. 수집한 자료가 실제 자료인지, 누군가가 다른 목적으로 가공한 것은 아닌지, 그 과정에서 왜곡된 정보는 아닌지 확인이 필요하다. 또한 불필요하거나 혼란을 줄 수 있는 정보는 사전에 가려내야 한다. 정보가 많은 것이 좋은 게 아니라 정확한 정보, 반드시 필요한 정보만 가려내 선택적으로 활용할 수 있는 능력을 키우는 것이 중요하다.

정보 활용의 마지막 원칙은 수집한 정보와 자료가 주어진 과제 해결에 적합해야 한다는 것이다. 특정 사업부의 퇴사율이 이상하리만큼 높아지는 문제가 발생해 대책이 필요하다고 해보자. 문제를 해결하기 위해 관련 사업부장과 인터뷰를 한다면 실제적인 퇴사 원인을 밝혀낼 수 있을까? 사업부장의 입장에서는 자신과 관련된 문제이므로 발뺌하는 내용으로 일관할 것이다. 예를 들면 퇴사자를 비난하거나 문제의 원인을 퇴사자에게 떠넘길 수 있다. 하지만 만일 사업부장의 독선적이고 거만한 조직 운영이 문제가 되었다면 사업부장과의 인터뷰만으로는 정확한 원인을 파악하기 힘들어진다.

이런 경우 문제를 제대로 진단하기 위해서는 사업부장과의 인터뷰뿐 아니라 퇴사자들의 이야기를 직접 들어보고 원인을 분석해야 한다. 이런 내용이 정보의 적합성이라고 할 수 있다.

정보의 조건 **1** 날것의 정보여야 한다

그렇다면 활용하려는 정보를 수집할 때 염두에 두어야 할 사실들은 어떤 것이 있을까? 우선 분석에 활용되는 정보들은 가공되지 않은 '날 것의 정보'여야 한다. 일반적으로 상사에게 업무 지시를 받으면 실무자들은 제일 먼저 필요한 정보를 수집하기 위해 네이버나 구글 같은 검색창에 의존한다. 요즘은 IT 기술의 발달로 발품을 팔지 않고도 인터넷에서 필요한 정보들을 손쉽게 얻을 수 있기 때문이다.

하지만 인터넷을 통해 얻을 수 있는 정보들은 상당수가 공개된 정보로 정보의 신선도가 떨어질 수 있다. 책을 쓰는 사람들 중에도 인터넷을 통해 수집한 정보를 사례로 인용하는 경우가 있는데, 다수가 알고 있는 정보를 활용하면 정보의 신선도가 떨어질 수밖에 없고 저자에 대한 신뢰도도 동반 하락할 수 있다.

신선도보다 더 큰 문제는 정보가 가공돼 있다는 것이다. 인터넷에 올라 있는 정보들 중 상당수는 이미 누군가가 자신의 목적을 충족시키기 위해 원 정보를 가공한 것이다. 그런데 그 사람이 정보를 가공한 목적은 나의 목적과 사뭇 다를 수 있다. 결과적으로 보면 동일한 것 같지만 어떤 목적으로 쓰이느냐에 따라 정보 가공의 결과는 달라진다. 정보 수집에 어려움을 겪으면 겪을수록, 마음이 급하면 급할수록 이렇게 누군가가 만들어놓은 정보에 마음을 빼앗길 가능성이 크다. 자칫 잘못하면 '낚일' 수 있으므로 조심해야 한다.

이런 경우 가장 좋은 방법은 원 정보를 확인하는 것이다. 누군가가 정리해놓은 자료를 그냥 가져다 쓰기보다는 그 자료가 인용된 원문을 찾아 오리지널 데이터를 확인해보고 그로부터 필요한 정보를 추출해내는 것이 바람직하다. 가공된 정보의 원문을 찾아 들어가보면 가공된 정보의 내용과 사뭇 다른 경우가 많다. 이런 경우는 가공된 정보를 활용하지 않는 것이 좋다. 원 출처를 확인하기 어려운 가공 정보도 가급적이면 사용하지 않는 것이 좋다. 가공된 정보를 이용해 보고를 하다 "누가 그래?"라는 질문을 받았는데 대답도 하지 못하면 보고 전반에 대한 신뢰를 잃고 다시는 회복하지 못할 수도 있다.

지금이야 그런 일이 없어졌지만 과거에는 네이버에서 검색하면 일명 '초딩'들이 답변을 올리는 경우도 많았다. 직장인이 초딩에게 낚여서야 되겠는가? 다행히 그런 일은 더 이상 없겠지만 이에 버금가게 위험한 것이 '위키트리'다. 위키트리는 누구나 자유롭게 정보를 편집할 수 있다. 전문가 수준의 정보가 올라와 유용하게 활용할 수 있는 경우도 있지만 때로는 자기의 사견을 마치 사실인 것처럼 올리는 경우도 있다. 검증되지 않은 사실을 올리는 것이다. 그러니 가공된 정보나 인터넷에서 손쉽게 얻을 수 있는 정보들은 일단 의심의 눈길로 바라봐야 한다.

정보의 조건 ❷ 반드시 크로스체크를 한다

기획을 할 때는 전반적으로 다양한 각도에서 바라볼 수 있는 비판적 사고가 필요하다. 그런데 정보를 다룰 때는 특히 이런 비판적 사고가 더욱더 필요하다. 즉 정보에 대해 '합리적 의심'을 해보는 것이다. 이것이 사실일까? 만일 사실이 아니라면 어떻게 할까? 이 정보는 정확한 것일까? 이 정보가 가짜는 아닐까? 때로는 합리적인 의심을 해도 잘못된 정보를 피할 수 없는 경우도 있지만, 정보 자체를 합리적인 의심의 눈길로 바라보는 것과 그렇지 않고 무조건적으로 수용하는 것 간에는 큰 차이가 있을 수 있다. 합리적인 의심을 바탕으로 다양한 측면에서 정보를 크로스체크cross-check해야 한다.

먼저 정보의 출처에 대한 신뢰성을 의심해야 한다. 나는 《처음 만나는 뇌과학 이야기》와 《워킹 브레인》이라는 뇌과학을 바탕으로 한 교양서와 리더십 책을 두 권이나 썼다. 하지만 내 경력 어디에도 뇌과학 분야와 관련된 내용은 드러나지 않는다. 개인적으로 뇌과학 공부를 오랜 시간 했고 국가 공인 브레인 트레이너라는 자격증을 가지고 있지만, 신경과학을 제도권에서 공부한 적도 없고 관련된 업무 경력도 없다. 그렇다 보니 위 책들을 낼 때도 출판사로부터 나의 전문성에 대한 의심을 많이 받았다.

나로서는 썩 유쾌한 일은 아니지만 출판사 입장에서는 당연히 그럴 수 있다. 그것이 합리적이기 때문이다. 신경과학에 관한 공부를 체계적으로 한 것도 아니고 관련된 경력도 없는데 그런 사람이 쓴 글을 믿고 덜컥 몇천만 원을 투자한다는 것은 무모한 일일지도 모른다. 물론 나 스스로 그런 무모함이나 거짓이 없었기에 책을 내겠다는 출판사가 많이 있었고, 출판사의 입장에서는 나의 전문성을 검증하는 게 정당하고 올바른 절차였을 것이다.

이처럼 정보의 출처에 대해서는 정보를 제공한 사람이 충분한 경험이나 지식, 전문 역량 등 전문성을 가지고 있는지 확인해야 한다. 돼지고기와 소고기도 구분할 줄 모르는 사람이 쓰는 음식 맛 평가가 과연 신뢰할 만한 가치가 있을까? 만일 그런 정보를 활용하게 되면 단박에 전문성을 의심받고 논란의 여지가 생길 수 있다. 사람이 아닌 경우도 마찬가지다. 의학 전문 잡지에서 다룬 미술 작품의 정보는 아무래도 미술 작품을 전문적으로 다루는 잡지에서 볼 수 있는 정보보다 신뢰성이 낮기 마련이다.

정보를 준 사람의 성향 또는 정보 출처의 성향도 따져봐야 한다. 극우 단체가 진보 정부에 대해 말하는 내용과 중립적인 성격의 단체가 진보 정부에 대해 말하는 것이 같을 수 없다. 또한 평소 부정적인 성향을 가진 사람은 매사를 부정적으로 볼 수밖에 없다. 그런 사람이 파악한 매출 하락의 원인은 색안경을 끼고 바라본 것일 가능성이 농후하다. 반면에 무엇이든 대수롭지 않게 여기고 낙관적인 성향을 가진 사람이 찾은 매출 하락의 원인도 믿기 어렵다. 실제로는 심각한 문제가 벌어지고 있음에도 불구하고 제대로 인식하거나 인지하지 못하고 있을 가능성이 높기 때문이다.

그러므로 정보를 수집할 때는 출처나 정보를 건넨 사람의 성향도 고려하지 않으면 안 된다. 상대에 대한 신뢰성을 바탕으로 정보를 해석할 수 있어야 한다.

평판도 영향을 미칠까? 공영방송이 한참 정권의 나팔수 역할을 했을 때 아무도 공영방송에서 하는 이야기를 곧이곧대로 믿지 않았다. 이미 그 방송국들은 정권의 입맛에 맞는 정보만 제공하는 '딸랑이'라는 평판이 자자했기 때문이다. 만일 문제의 원인과 관련된 정보를 제공한 사람이 평소 주변 사람들을 험담하거나 비난하는 것으로 유명한 사람이라면 그 사람의 말을 신뢰할 수 있을까? 반대로 평소 많은 사람들의 존경과 흠모를 받는 사람이 건넨 말은 어떨까? 이처럼 정보를 준 사람, 혹은 정보의 출처에 대한 평판도 정보의 신뢰도를 판단하는 기준이 될 수 있다.

직접적인 것과 간접적인 것도 고려해야 한다. 기획자 자신 혹은 정보를 제공한 사람이 직접 보거나 듣거나 경험한 것이 아닌, 누군가 제3자로부터 들은 이야기를 얼마나 신뢰할 수 있을까? 소문이란 직접 보거나 듣지 않은 사실을 다른 사람에게 옮길 때 생겨나는 법이다. 기획자 혹은 기획자에게 정보를 제공한 사람이 직접 보거나 듣지 않은 정보에 대해서는 앞서 말한 것처럼 원 정보, 처음의 출처를 찾아 직접 확인해야 한다.

관찰과 추론도 마찬가지다. 관찰은 직접 본 것을 사실대로 말하는 것이며, 추론은 거기에 의견을 덧붙이는 것이다. '명동 상가에서 중국인 관광객이 예전에 비해 많이 눈에 띄지 않는다'라고 하면 이는 관찰이다. '명동 상가에서 중국인 관광객이 예전에 비해 많이 보이지 않는 걸 보니 중국의 경기가 안 좋은 모양이다'라고 하면 이는 추론이다. 관찰은 판단이 들어가 있지 않지만 추론에는 판단이 들어가 있다. 의견이 섞인 것이다. 그런데 공교롭게도 말한 사람이 명동에 간 날만 중국인이 적었고 그 외 다른 날들은 중국인들로 넘쳐났다면 그 사람의 말은 심각한 오류를 가져올 수 있다.

노하우보다 노웨어가 중요하다

정보 수집 방법이나 과정도 신중해야 한다. 기획자들이 정보를 수집하는 방법 중 하나가 설문과 인터뷰다. 그러나 설문과 인터뷰에는 아주 큰 함정이 도사리고 있다. 바로 내면의 생각과 겉으로 드러내 응답하는 것이 일치하지 않을 수 있다는 것이다. 설문의 경우 일반적으로 설문 진행자가 응답자에게 설문지를 주고 응답을 요청한다. 응답자는 윤리적이거나 도덕적이거나 또는 사생활이 노출될 우려가 있는 질문에는 사실과 다른 응답을 할 수 있다. 진행자가 자신이 답한 것을 볼까 우려되기 때문이다.

설문이나 인터뷰를 할 때는 미리 답을 정해놓고 거기에 꿰맞추기 위해 형식적으로 질문하는 일은 없어야 한다. 이는 얼핏 사실처럼 보일 수 있지만 의도적으로 의견을 원하는 방향으로 몰고 갔다는 측면에서 의견이라고 봐야 한다. 설문이나 인터뷰를 하는 이유는 정해놓은 답에 꿰맞추기 위한 게 아니라 질문을 통해 대답하는 사람도 미처 몰랐던 사실이나 잠재적인 니즈를 이끌어내는 것이다. 질문하고 대답하는 과정에서 자연스럽게 속마음이 드러날 수 있게 진행하는 것이 가장 바람직하다.

정보를 수집하는 가장 좋은 방법은 현장에서 직접 경험하고 인터뷰하며 관찰하는 것이다. '답은 늘 현장에 있다'고 하지 않던가. 그리고 그런 철학은 앞서 살펴본 디자인 씽킹 프로세스에서 문제를 올바르게 정의하는 것의 출발점이기도 하다.

세상이 달라지면서 나타난 현상 중 하나가 우리 주위에 정보가 넘쳐나고 고급 정보가 보편화된 것이다. 인터넷 공간에 정보가 넘쳐나다 보니 평범한 사람들도 특정 질병에 대해서는 거의 전문의 수준의 지식을 갖출 정도다. 그래서 '노하우know-how보다 노웨어know-where가 더 중요하다'는 말도 있다. 이제 웬만한 노하우는 다 공개되어 누구나 활용할 수 있다. 다만 그것이 어디 있는지를 아는 게 더 중요하다는 말이다. 당장은 관련된 지식이 없어도 정보가 어디에 있는지만 알고 있으면 필요한 정보를 불러다 쓸 수 있다.

기획자는 자신만의 정보 수집 노하우를 갖추고 있어야 한다. 일반적으로 평소에 하는 업무는 거의 유사한 것들이 대부분이다. 어제 한 일과 오늘 하는 일과 내일 할 일이 다르지 않다. 그 말은 업무 수행에 필요한 정보는 어느 정도 정해져 있다는 것이다. 그렇다면 자주 활용하는 정보에 대해서는 정보원을 파악하고 주기적으로 그로부터 오는 정보를 업데이트하는 습관을 들여야 한다.

인적 네트워크를 만드는 일에도 소홀해서는 안 된다. 책상 앞에서만 일하는 사람은 절대 일을 잘하는 사람이 아니다. 정보는 인터넷을 통해 얻는 것도 있지만 가치 있는 정보는 대부분 사람을 통해서 얻는다. 최신의 정보나 희귀한 정보는 사람을 통하지 않고서는 얻기 어렵다. 그러므로 평소 자신이 하는 일과 관련된 분야의 사람들과 네트워크를 구축하는 일에 소홀해서는 안 된다.

비록 내가 아는 사람이 정보를 가지고 있지 않아도 내가 가진 인적 네트워크를 통해 정보를 얻을 수도 있다. 필요하다면 경쟁사 사람들과 어울리는 것도 고려해봐야 한다. 내가 C사에 근무할 때는 정기적으로 경쟁사 전략기획 팀장들과 만남을 가졌다. 이 자리를 통해 자사의 정보를 어느 정도 흘리면서 경쟁사의 정보를 입수하는 활동을 했고 그런 정보들은 업무 수행에 큰 도움이 되었다. 자사의 사업에 결정적인 영향을 미치는 정보는 새나가지 않게 철저히 관리해야 하지만 웬만한 정보는 흘리면서 상대방의 정보를 입수하는 것도 정보 입수의 전략이 될 수 있다.

앞서 말한 것처럼 이제는 노하우보다 노웨어가 중요한 시대가 되었다. 우리가 활용하는 정보의 질은 거기서 거기일 수 있다. 그렇기에 질 높은 정보를 누구보다 빨리 입수하는 능력이 기획 역량을 가늠하는 시대가 되고 있다. 평소 정보원에 대한 관리가 소홀하면 막상 필요한 상황에 닥쳐 정보 입수에 애를 먹을 수 있다. 그러니 자신만의 정보 리스트를 만들어두고 주기적으로 그 정보를 업데이트하는 노력을 기울이는 것도 일을 잘하는 요령이라 하겠다.

OK되는 기획 뒤에
소통이 있다

힘들게 쓴 기획서가 상사의 반대에 부딪쳐 없던 일로 돌아간 적은 없는가? 야심 차게 제안한 내용이 "안 돼."라는 상사의 말 한마디에 수포로 돌아간 적은 없는가? 이 땅의 직장인치고 보고서 때문에 힘들지 않았던 사람은 거의 없을 것이다. 내가 쓴 보고서가 상사라는 관문에 막혀 앞으로 나아갈 수 없을 때 어떻게 하는가? 그냥 물러나는가, 아니면 설득하려고 노력하는가? 상황에 따라 그냥 물러날 때도 있고 설득할 때도 있겠지만 상사를 설득하지 못해 보고서가 반려되면 애써 한 노력이 모두 헛수고가 된다. 심하게 얘기하자면 아무 일도 안 한 것과 다를 바 없다.

기본적으로 보고서는 읽는 사람을 설득시키려는 의도로 써야 한다. 사람들을 설득할 수 없는 문서는 아무리 그 앞 단계에서 피 터지는 노력을 했다고 해도 결과론적으로는 아무런 성과도 내지 못한다. 어떻게 하면 설득력 있게 보고서를 쓸 수 있을까? 상사가 도저히 어찌할 수 없을 정도로 논리적으로 빈틈없이 완벽한 보고서를 작성해야 할까? 아니면 유명한 소설가처럼 수려한 필체로 문학 작품을 써 내려가듯 보고서를 써야 할까? 알고 보면 보고서를 작성할 때도 요령이 있다.

논리의 힘보다 강한 것은 신뢰다

아리스토텔레스는 설득에 영향을 미치는 요소로 로고스logos, 파토스pathos, 에토스ethos 3가지를 꼽았다. 로고스란 우리가 흔히 얘기하는 논리로, 내용의 타당성에 확신을 줄 수 있는 것을 말한다. 파토스는 듣는 사람의 감정, 정서적 변화를 이끌어낼 수 있는 감동을 말한다. 에토스는 말하는 사람에 대한 인격, 설득하려고 하는 사람에 대한 신뢰와 공신력을 나타낸다.

아리스토텔레스의 말에 따르면 이 3가지 요소 중 설득에 가장 큰 영향을 미치는 것은 에토스라고 한다(무려 60퍼센트 정도의 영향을 미친다고 한다). 말하는 사람의 인격이나 공신력이 가장 중요하다는 말이다. 그 다음으로 중요한 건 듣는 사람에게 감동을 줄 수 있는 것, 즉 파토스로 설득에 미치는 영향은 30퍼센트 정도라고 한다. 우리가 죽어라 머리 싸매고 생각해내려고 하는 논리는 겨우 10퍼센트밖에 설득에 영향을 미치지 않는다고 한다.

조금 놀랍지만 사실 생각해보면 그렇기도 하다. 우리는 늘 누군가를 설득하기 위해 빈틈없는 논리로 무장하려고 하지만 누군가의 빈틈없는 논리에 걸려 설득당했던 적이 더 많다. 상대의 논리가 빈틈이 없으므로 그의 말을 들어줘야 하지만, 왠지 진 것 같고 기분이 좋지 않다. 오히려 내가 믿고 신뢰하는 사람에게 설득당했을 때나 내 마음이 그렇게 하고 싶어서 설득당했을 때가 더 자연스럽게 느껴진다.

그래서 누군가를 설득하기 위해 가장 좋은 방법은 자신의 신뢰도를 높이는 것이다. 아쉽게도 신뢰라는 것은 하루아침에 생기지 않는다. 우리의 감정 은행에 잔고가 쌓이기까지는 시간이 좀 걸린다. 그러면 신뢰가 없거나 공신력이 없는 사람은 누군가를 설득할 수 없을까? 당연히 그렇지 않다. 여전히 설득에 많은 영향을 미치는 요소인 파토스가 있기 때문이다.

사람은 이성적인 존재라고 하지만 실은 감정의 동물이다. 모든 의사결정은 감정을 수반한다. 세계적인 뇌과학자 안토니오 다마지오Antonio Damasio에 따르면 감정을 느끼지 못하는 사람은 의사결정에서 실수를 많이 한다고 한다. 생각해보자. 점심에 먹은 음식은 그것이 먹고 싶었기 때문이다. 옷을 살 때도 마음에 드는 걸 산다. '먹고 싶거나' '마음에 드는 것'은 모두 감정이다. 이걸 먹으면 칼로리가 얼마이고 소화흡수에 얼마나 도움이 되는지, 이 옷은 입었을 때 얼마나 지적으로 보일 것인지 같은 이성적인 분석으로 음식이나 옷을 고르지 않는다.

보고서도 마찬가지다. 우리는 늘 논리적으로 빈틈없는 보고서를 쓰려고 하지만 그렇다고 해서 설득력이 높아지는 것은 아니다. 보다 중요한 것은 상대방이 그 보고서의 내용을 받아들이도록 마음을 움직이는 것이다. 그 역할을 하는 것이 감정이다. 협상은 가장 이성적이고 논리적이며 분석적인 행위라고 생각하겠지만, 하버드대학교에서는 협상을 가르칠 때 '원하는 것이 있으면 감정을 흔들어라'라고 말한다. 그만큼 설득에 감정이 미치는 영향이 강하다는 뜻이다.

상대가 얻게 되는 메리트를 강조하라

그렇다면 감정을 어떻게 흔들면 될까?《디퓨징》의 저자 조셉 슈랜드Joseph A. Shrand에 따르면 인간은 자산이나 영역, 관계에 손실을 입었을 때 분노를 느낀다고 한다.

자산은 유형적 자산과 무형적 자산으로 나눌 수 있다. 유형적 자산은 눈에 보이는 집이나 차, 회사에서의 직위나 직급 같은 것이다. 누군가 주차장에 세워둔 내 차를 파손시키거나 집에 들어와 귀금속을 훔쳐간다면 화가 날 것이다. 어느 날 갑자기 팀장에서 해임되고 새로 팀장이 부임해온다면 참을 수 없는 분노가 치솟을 것이다. 내가 만든 보고서를 상사가 마치 자신이 한 것처럼 보고한다면? 역시 화가 날 것이다. 또는 나처럼 강의를 하는 사람이라면 내가 애써 만든 콘텐츠를 누군가

무단으로 가져다 쓴다면 화가 날 수 있다. 이것이 자산에 손실을 입는 경우다.

영역은 인간의 본능 중 하나다. 누구나 자신의 영역을 가지고 있으며 그것을 지키고 싶어 한다. 영업사원들에게는 담당 구역이 있다. 어느 날 옆의 동료가 자신의 영업 구역에서 몰래 영업하는 것을 봤다면 어떤 느낌이 들까? 비유가 그리 좋지는 않지만, 흔히 '깍두기'라고 부르는 조직폭력배들은 자신의 영역을 지키기 위해 목숨을 걸고 싸우기도 한다. 사장이나 임원들 역시 자신만의 영역이 있다. 바로 자신의 사무실이다. 그래서 뭔가 야단을 치거나 혼낼 때는 자신의 영역으로 불러서 한다. 모두가 모여 일하는 사무실은 그 사람들의 영역이 아니다. 그래서 그곳에서 야단치거나 훈계하지 않는다. 협상을 할 때도 장소가 큰 영향을 미친다. 자신의 홈그라운드에서 협상을 진행할 때는 승률이 50퍼센트 향상된다고 한다.

영역에도 무형의 것이 있을까? 그렇다. 예를 들어 R&R 같은 것이다. 일반적으로 팀이나 개인에게는 특정한 R&R이 주어진다. 그런데 간혹 R&R이 명확하지 않은 경우가 발생한다. 그런 경우 생색내기 좋은 업무는 서로 하려고 하지만 생색내기 어렵거나 골치 아픈 경우는 서로 떠넘기려고 한다. 자신의 R&R이라고 생각하는 것을 다른 팀이나 다른 사람이 빼앗아가거나, 자신이 하고 싶지 않은데 다른 사람이 일을 떠넘기는 것처럼 보일 때 우리는 화가 난다. 이것이 영역에 손실을 입는 경우다.

인간은 사회적 동물이다 보니 관계의 손실도 화를 불러오는 요인 중 하나다. 가수 김건모의 노래 〈잘못된 만남〉의 가사처럼 친구가 내 애인을 가로채면 화가 난다. 상사에게 총애를 받고 있는데 새로 들어온 경력사원이 아주 똑 부러지는 일솜씨로 상사의 사랑을 독차지하기 시작했다고 해보자. 상사의 오른팔이 되어 사랑을 독차지했던 과거의 영광은 사라지고 어느덧 상사와의 관계가 아주 소원해지기 시작했다면 '사는 게 그렇지 뭐' 하고 아무 일도 없다는 듯 넘어갈 수 있을까? 결코 그렇지 않을 것이다. 속이 부글부글 끓어오르고 화가 치솟을 것이다. 어떻게 하면 저 인간을 소리 소문 없이 제거할 수 있을지 머리를 싸매고 고민할지도 모른다.

이처럼 나의 자산, 영역, 관계에 손실을 입으면 사람은 누구나 분노의 감정을 느낀다. 그런데 이것은 반대로 나의 자산이나 영역, 관계에 이익이 생기면 누구나 기쁨을 느낀다는 말도 된다. 우리는 연봉이나 보너스 등 금전적 이익이 늘어나거나 승진, 중요한 직책을 맡는 것 등 자산적 측면에서 플러스가 되면 즐거움을 느낀다. 영역 또한 마찬가지다. 내가 가진 재능을 인정받아 더욱 큰 역할을 맡게 되고 동료들보다 유리한 위치에 오르면 기쁨을 느낀다. 상사에게 총애를 받고 믿음직한 사람이라는 인식이 심어져 관계가 개선되면 직장 생활에 꽃이 필 수 있으므로 그 또한 기쁠 것이다. 이렇게 자산이나 영역, 관계에 혜택이 주어지는 일이라면 사람들은 누구나 그것을 하려 할 것이다.

바로 이것이다. 사람의 감정을 움직인다는 건 자산이나 영역, 관계 측면에서 그에게 도움이 된다는 사실을 알려주고, 그가 관심을 보이거나 실행하게끔 만드는 것이다. 기획의 결과물을 상사가 받아들이도록 하려면 상사의 입장에서 감정이 움직여야 한다. 즉 보고 내용이 마음에 들도록 만들어야 한다. 그러자면 보고받는 사람의 입장에서 기획의 결과물이 자산이나 영역, 관계 향상에 어떻게 도움이 될 수 있는지 알려주어야 한다. 이 일을 성공적으로 수행했을 때 자산 측면에서는 어떤 이익이 있을 수 있고, 영역 측면에서는 어떤 도움을 받을 수 있으며, 관계 측면에서는 어떤 개선이 이뤄질 수 있는지를 전달해야 한다.

앞서 다룬 A마트 X지점의 사례를 다시 돌아보자. X지점은 상품과 직원들의 경쟁력 저하로 장기적인 측면에서 생존이 우려되는 상황에 놓여 있다. 그 상황을 새로 부임한 지점장이 심각하게 생각한다면 혁신적인 개선 활동이 이뤄질 것이고 그 방향은 '은행같이 신뢰할 수 있는 마트'가 되는 것이라고 했다. 그런데 상황을 이렇게 전달하면 보고를 받는 입장에서는 그것을 해야 할지 말아야 할지 판단하기 어려울지도 모른다. 이럴 때는 자산과 영역, 관계의 측면에서 감정을 움직일 필요가 있다.

X지점은 현재 심각한 상황에 놓여 있지만 지금의 위기 상황을 잘 극복해내면 기회가 찾아올 것이다. 고객의 마음속에 은행처럼 믿고 찾을 수 있는 마트라는 인식을 심어주면 더욱 많은 고객들이 찾아오고 매출이나 수익도 개선될 것이다. 혁신 활동이 성공적으로 진행된다면 A마트는 전사적 차원에서 주의 깊게 바라볼 것이고 새로 부임한 지점

장의 경영 능력을 인정받을 기회가 열릴 것이다.

한편으로 X지점은 A마트 내에서 성공적인 경영 혁신 사례로 회자될 것이며 지점장 역시 그 분야의 전문가로 자리매김할 것이다. 그렇게 되면 CEO와의 관계도 좀 더 돈독해지고 다른 지점장들보다 유리한 위치에 설 수도 있다. 지점의 직원들로부터도 능력 있는 상사로 인정받을 수 있고 자신의 성장을 위해 기꺼이 따르려고 하는 직원들도 많아질 것이다. 물론 성공에 따른 보상이 있는 것은 물론이다.

이런 내용들이 보고서 또는 구두 보고 시에 언급되어야 한다. 보고를 받는 사람의 입장에서는 반신반의하는 눈빛으로 바라보다가도 혁신 활동으로 얻을 수 있는 자산이나 영역, 관계상의 혜택이 눈에 들어오면 그때는 호의적인 눈길로 바라볼 가능성이 높다. 감정이 움직이는 것이다.

물론 누구라도 자신이 감정에 휘둘려 의사결정을 내리는 것처럼 보이려고 하지는 않겠지만 적어도 속마음은 그렇다. 그러므로 보고서의 내용을 성공적으로 추진하도록 설득하려면 자산이나 영역, 관계 측면의 혜택을 강조하고 이것으로 감정을 움직여라. 단 주의할 점이 있다. 노골적이거나 건방진 느낌을 주어서는 안 된다. 예를 들어 "이걸 하면 지점장님은 승진하실 수 있습니다."라고 하면 오히려 반감을 살 가능성이 크다. 노골적으로 드러낼 수 있는 것은 드러내야 하지만 그렇지 않은 경우에는 비유를 사용하거나 돌려서 말하되 혜택은 반드시 강조해야 한다.

마음을 뒤흔드는 것은 감사와 칭찬의 말이다

　설득력을 높일 수 있는 또 다른 방법은 보고받는 사람에게 지위감을 높여주는 것이다. 인간은 이성적인 존재라고 하지만 사실 감정적인 존재에 더 가깝다. 뭔가 의사결정을 내릴 때도 냉철한 분석과 평가와 같은 이성보다는 감정적으로 끌리는 것을 선택하는 경우가 많다. 우리는 친구를 만나 무엇을 먹는가? 먹고 싶은 것을 먹는다. 옷을 사러 가서 어떤 것을 고르는가? 맘에 드는 것을 고른다. 먹고 싶은 것이나 맘에 드는 것은 분석을 통해 이성적으로 판단한 게 아니다. 그저 감정에 끌려 선택한 것이다.

　이처럼 인간의 의사결정에는 감정이 크게 좌우한다. 감정적 역량이 떨어지는 사람은 그만큼 의사결정 역량이 떨어진다는 연구 결과도 있다. 따라서 보고받는 사람을 설득시키려면 그 사람의 감정을 흔들어야 한다. 그 방법 중 하나가 지위감을 높여주는 것이다.

　지위감이라는 용어가 낯설게 느껴질 수 있지만 다른 말로 표현하면 '심리적 서열'이라고 할 수 있다. 인간에게는 몇 가지 본능이 있다. 미국심리학회에 따르면 인간의 본능은 생존, 번식, 애착, 영역, 서열로 나뉜다.

　애착은 어떤가? 어린 시절 부모와의 애착 관계가 한 사람의 성격을 규정짓는다고 한다. 한 실험에서 갓난 원숭이를 엄마 원숭이와 분리한 후 엄마 원숭이를 대체할 수 있는 2가지 모형을 만들었다. 하나는 철사로 만든 몸체에 엄마와 같이 젖이 나오는 가슴을 만든 모형이었고, 다른 하나는 나무토막에 엄마의 피부처럼 느껴질 수 있는 모피를 두른 모형이었다. 2가지 모형을 두고 아기 원숭이가 어느 쪽을 택하는지 살펴봤다.

실험자들은 아기 원숭이가 젖이 나오는 가슴을 가진 철사 모형을 택할 것이라 생각했지만 아기 원숭이는 젖이 없어도 엄마의 포근함을 느낄 수 있는 모피 모형을 택했다. 이는 애착이 동물의 본능이라는 것을 보여준다. 어린아이들이 엄마와 떨어져 있으면 분리불안을 느끼는 것도 이와 같은 애착 본능이 있기 때문이다.

영역의 본능에 대해서는 앞서 설명했으므로 여기서는 서열의 본능에 대해 설명하도록 하겠다. 모든 동물은 높은 서열에 위치하기를 원한다. 야생에서 살면서 높은 서열을 가진다는 것은 생존의 가능성을 높일 수 있다는 말이나 다를 바 없다. 사자 또는 원숭이의 무리를 생각해보자. 서열이 높은 알파 수컷들은 모든 먹이를 독차지할 수 있고 모든 암컷을 차지할 수 있다. 생존과 번식에 절대적으로 유리한 위치에 있을 수 있다. 게다가 서열이 높아지면 스트레스도 줄어든다.

'쪼기 서열'pecking order이라는 것이 있다. 수탉 100마리를 우리 안에 가둬두면 엄청난 서열 싸움을 한다. 서로 알파가 되기 위해 피가 튀도록 싸운다. 그러다가 하루가 지나면 잠잠해지는데 이때는 1등부터 100등까지 서열이 매겨진 것이다. 서열이 높은 닭들은 자신의 스트레스를 서열이 낮은 닭들의 벼슬을 쪼는 것으로 푼다. 서열 1등인 알파 수컷은 나머지 99마리 닭의 벼슬을 언제든 쪼아댈 수 있다. 서열 50등은 나머지 50마리의 벼슬을 쫄 수 있다. 서열 100등은? 그 누구도 쪼지 못하고 다른 99마리의 닭들에게 벼슬을 쪼여야만 한다. 1등은 스트레스가 없지만 100등은 어마어마한 스트레스에 시달릴 것이다. 실제로 서열이 높으면 높을수록 스트레스 호르몬인 코르티솔 분비가 적고 수명도 오래간다고 한다.

이처럼 서열이 생존과 번식에 절대적으로 유리하고 스트레스도 적게 받다 보니 동물의 습성을 이어받은 인간도 서열의 욕구로부터 자유롭지 못하다. 누구보다 좋은 대학에 들어가려고 하고, 누구보다 좋은 직장에 들어가려고 하고, 누구보다 많은 돈을 받으려고 하고, 직장 내에서도 누구보다 빨리 높은 자리에 오르고 싶어 한다. 입으로는 "난 가늘고 길게 살래." 하고 관심 없어 하는 사람도 실상 마음속으로는 남들보다 높은 자리에 올라가고 싶은 욕구가 있다. 이런 서열의 욕구는 눈에 보이는 것뿐 아니라 눈에 보이지 않는 것도 있다. 이를 심리적 서열이라고 한다.

심리적 서열로 나타나는 대표적인 현상이 '자랑'과 '험담'이다. 요즘 한두 가지 SNS를 하지 않는 사람은 아무도 없을 것이다. 페이스북이나 인스타그램, 트위터 등 적어도 한 가지 이상은 한다. 그런데 이런 SNS를 이용하는 목적은 대부분 자기 자랑이다. 근사한 곳으로 여행을 다녀왔거나 멋진 옷이나 가방을 구입했거나 맛있고 화려하게 보이는 음식을 먹었거나 돈을 벌거나 성공한 일이 있을 때 주위에 알리기 위한 용도로 SNS를 이용한다.

반면에 자랑할 일이 별로 없는 사람들은 SNS를 하지 않는다. 부장님 앞에서 혼나는 사진이나 회사에서 해고돼 경제적으로 힘들다는 이야기를 SNS에서 본 적이 있는가? SNS는 자랑하기 위해서 하는 것이다.

하지만 자랑할 것이 없으면 어떻게 될까? 심리적 서열을 높이려면 뭔가 자랑할 것이 있어야 하는데 없을 때는 다른 사람을 자기 수준으로 끌어내려야만 한다. 그래야만 자신의 심리적 서열이 그 사람의 수준과 맞춰지기 때문이다. 험담이라는 것은 그렇게 만들어진 것이다. 서열의 본능에서 탄생한 것이 바로 험담이다. 험담이 좋은 것은 아니지만 쉽게 사라지지 않는 이유도 본능에서 비롯된 것이기 때문이다.

사람에게는 이렇듯 심리적 서열을 높이고 싶은 마음이 있다. 이를 다른 말로 하면 지위감이다. 그리고 지위감을 높일 수 있는 2가지 방법이 있다. 바로 칭찬과 감사다. 보고 내용과 연결해서 보고받는 사람을 칭찬하고 감사하는 말을 하면 보고를 받는 사람의 지위감이 높아지고 따라서 마음이 움직일 가능성이 높다.

일반적으로 직장인들은 '상사는 악의 편, 나는 정의의 사도'처럼 인식하지만 평소 상사와 어떤 관계를 유지하느냐에 따라 직장 생활의 성패가 갈릴 수도 있다. 특히 자신이 기획한 내용을 설득하는 과정에서는 더더욱 그렇다. 칭찬과 감사의 말을 곁들이면 보고받는 사람의 입장에서는 마음이 너그러워진다. 즉 '개인신용점수'idiosyncrasy credits가 쌓이는 것이다. 개인신용점수란 심리학자 에드윈 홀랜더Edwin Hollander가 주장한 것으로서 조직 구성원의 마음속에 누적되는 어느 한 개인의 긍정적인 인상을 말한다.

'칭찬은 고래도 춤추게 한다'는 말이 있지만 칭찬은 자발적인 동기와 근로 의욕을 이끌어내는 가장 좋은 방법 중 하나다. 칭찬을 하면 쾌감 호르몬인 도파민의 분비가 증가하고 선조체가 활성화된다. 보상중추 또는 쾌감중추가 활성화되는 것이다. 이 부위는 큰 보너스를 받거나 복권에 당첨되었을 때 활성화되는 부위와 동일하다. 또한 오랫동안 가지고 싶어 소망했던 물건을 손에 넣거나 만나고 싶었던 사람을 만났을 때 활성화되는 부위와도 일치한다. 이 부위가 활성화되면 연봉이 1퍼센트 상승한 것 같은 만족감과 성취감을 느낄 수 있다고 한다.

또한 칭찬은 인간의 지위감을 자극하는 가장 좋은 방법이기도 하다. 인정받고 있다는 느낌을 통해 지위에 대한 안정성을 확인하고 칭찬을 한 사람에 대한 믿음과 신뢰가 높아진다고 한다. 믿을 만한 사람이라고 인정받은 사람들의 94.4퍼센트가 칭찬에 탁월하다는 조사 결과도 있다. 따라서 자발적으로 일에 몰입하게 되고 소통이 증가하며 조직을 위한 헌신의 의지가 향상된다고 한다.

이런 이야기들은 주로 상사가 부하직원을 칭찬하는 경우에 나타나는 현상이라고 생각할 수 있다. 대부분 칭찬은 상사가 부하직원에게 하는 것이라고 여긴다. 그러나 입장을 뒤집어보면 상사도 누군가에게 칭찬받고 싶어 하는 평범한 인간 중 하나다. 그 대상이 꼭 자신의 상사일 필요는 없다. 비록 부하직원이라고 해도 상사가 잘하는 일에 대해서는 칭찬을 할 수 있다. 윗사람이 하는 칭찬이라고 해서 기분이 좋고 아랫사람이 하는 칭찬이라고 해서 싫지 않다. 칭찬은 고래도 춤추게 하기 때문에 누가 하든 칭찬을 받는 순간에는 기분이 좋아진다. 자신을 칭찬해준 사람에 대한 신뢰가 커지고 감정적으로 고양된다. 에토스와 파토스 모두에서 변화가 생기는 것이다.

그런데 강의실에서 이런 얘기를 하면 웃는 사람들이 많다. '아부를 하라는 말이냐?'는 표정으로 바라본다. 아부를 하라는 게 아니다. 그냥 있는 사실을 얘기하라는 것이다. 아무리 자신을 힘들게 하는 상사라고 해도 상사의 자리에 있는 사람에게는 분명 배울 것이 있고 칭찬할 것이 있다. 그것을 찾아내 사실 그대로 얘기하면 된다. 덧붙이고 부풀릴 필요도 없다. 입에 침이 마르도록 반복할 필요도 없다.

작은 칭찬도 듣는 사람에게는 기분이 좋은 일이다. 기분이 좋다는 건 내 말을 들어줄 아량이 생긴다는 것이다. 내 말을 긍정적으로 받아들일 수 있는 마음의 여유가 생기면 내가 하는 말이 설득력 있게 다가간다. 그래서 칭찬을 하라는 것이다. "팀장님 덕분에 방향을 잘 잡을 수 있었습니다." "팀장님이 도와준 덕분에 정보를 수집하는 데 힘이 덜 들었습니다." 이런 말은 그리 어려운 말도 아니지 않은가?

뒤집어 생각해보자. 많은 리더십 교육에서 지적보다 칭찬할 것을 강조하지만 상사의 입장에서 부하직원을 자주 칭찬한다는 건 쉬운 일일까? 지식이 많고 경험 많은 사람의 입장에서 보면 부하직원들은 늘 어수록하고 뭔가 충족되지 않은 게 있기 마련이다. 그럼에도 불구하고 꾹 참고 칭찬을 하려고 한다. 그렇다면 부하직원도 상사에 대해 칭찬을 아낄 이유가 무엇인가? 칭찬 한마디로 그 사람을 춤추게 만들 수 있는데 말이다.

결국, 기획은 소통이다

직장인들은 끊임없이 성과를 만들어내야 한다. 성과를 만들어내지 못하는 직장인은 조직 내에서 존재할 이유가 없다. 상사의 지시를 받고 기획 업무를 수행했다면 성과라는 것은 자신이 기획한 일이 실행되어 결과를 만들어낼 때 발생한다. 밤을 새워가며 열심히 일한 것 자체는 성과가 될 수 없다. 기업은 학습하는 곳이 아니기 때문이다. 기획자는 자신이 기획한 일이 실행될 수 있도록 노력해야 하며 그 마지막 단계는 상사를 설득하는 것이다. 상사가 관문을 열어줘야 실행으로 이어지고 성과도 낼 수 있다.

그렇다면 자신의 생각이 실행될 수 있도록 상사를 설득하는 일도 기획 업무의 연장선상에 있는 것 아닐까? 칭찬을 하라는 말을 이런 관점에서 받아들였으면 좋겠다. 아부를 하고 손에 지문이 사라질 정도로 아첨하라는 얘기가 아니다. 아무리 문제를 정확히 진단하고 핵심 원인을 파악해서 기가 막힌 해결책을 도출해도 상사가 받아들이도록 설득하지 못하면 그 사람의 업무 실적은 '0'이다.

이왕 말이 나온 김에 조금 더 얘기하자면, 난 직장 생활을 하는 동안 '정치'를 혐오했다. 정치하는 인간들을 벌레 보듯 했다. 하지만 나중에 되돌아보니 직장에서의 정치는 반드시 필요한 것이라는 생각이 들었다. 정치라는 건 자신이 원하는 것을 얻기 위해 개인적인 힘을 발휘하는 과정이다. 뭔가 필요하다고 여기는 것을 실행하기 위해서는 사람, 돈, 시간, 조직적 지원 등 많은 것들이 필요하다. 이것들이 없으면 자신의 아이디어를 실현할 수 없고 성과를 만들어낼 수도 없다.

정치는 자신의 아이디어가 실현될 수 있게 만들어주는 하나의 수단일 뿐이다. 단순히 헤게모니를 잡기 위한 파워 싸움이 문제일 뿐이지, 정치 그 자체는 반드시 필요하다. 그러므로 윗사람을 칭찬하는 일에 그리 인색하거나 거부감을 느낄 필요는 없다.

칭찬과 함께 잘 활용해야 하는 것 중 하나가 감사의 표현이다. 상사는 알게 모르게 일이 진행될 수 있도록 도움을 준다. 물론 정말 아무것도 안 하는 사람도 있긴 하지만 상사 역시 성과를 만들어내야 하다 보니 실무자가 하는 일이 잘될 수 있도록 도와주려고 한다. 비록 그 과정이 서툴러서 아랫사람으로부터 욕을 얻어먹을 수는 있을지 몰라도 의도 자체는 일이 잘되도록 만들어나가자는 것임을 잊지 말아야 한다. 이 부분을 찾아서 감사하다는 표현을 하면 상사는 자신의 행동을 되돌아볼 것이다.

감사의 말을 들으면 칭찬을 받은 것과 동일한 효과가 나타난다. 보상중추가 활성화되고 기분이 좋아지며 감사 표현을 한 사람에게 호감을 느낀다. 내가 마지막 직장에 있을 때 있었던 일이다. 업무 지시를 할 때였는데, 나는 구체적인 방향을 제시하려고 했지만 아랫사람 입장에서는 이해를 못 하는 경우가 종종 있었다. 그럴 때면 야단을 치기보다는 전체적인 그림을 그려가면서 어떻게 문제를 풀어나가야 하는지 세세히 알려주곤 했다. 그때마다 감사하다고 인사를 하는 직원이 있었다. 몇 번 그런 인사를 듣고 난 후 나는 그 사람에게 물었다.

"왜 늘 감사하다고 하는 거예요?"

"제가 모르는 것을 알려주고 덕분에 일을 해결해나갈 수 있는 방향을 잡을 수 있었으니 진심으로 감사하다는 말씀을 드린 겁니다."

그런 일이 있고 나자 그 직원을 대하는 내 태도가 달라지기 시작했다. 작은 것 하나라도 공을 들여 가르치려고 했고 더 신경을 쓰려고 노력했다. 당연히 그 직원에게 성과와 혜택이 돌아갈 수밖에 없었다.

마치 자기 자랑이나 자기 고백처럼 돼버렸지만, 감사에는 사람을 움직이는 힘이 있다. 주의할 것은 감사한 마음을 마음속에만 담아두고 겉으로 드러내지 않는 것이다. '말 안 해도 알겠지'라고 생각하면 오산이다. 누군가에게 정성을 다해 호의를 베풀었는데 받는 사람이 고맙다는 말 한마디 없으면 어떤 느낌이 들까? 오해가 쌓일 것은 뻔한 일이다. 서운함을 넘어 괘씸한 생각까지 들 수 있고 그 사람에 대해 좋지 않은 인상을 가질 수도 있다.

평소 잘해주었던 상사에게 고맙다는 말 한마디 안 하는 부하직원이 있다면 상사가 그 사람을 편견 없이 바라보기는 쉽지 않을 것이다. 그런 사람이 보고서를 써 간다면 중립적인 입장에서 피드백을 해줄 수 있을까? 괜히 꼬투리 잡고 어렵게 만들 수도 있다. 잘 생각해봐야 한다. 당하는 사람 입장에서는 그저 윗사람들이 괜히 트집 잡고 힘들게 하는 꼰대라고 생각할 수 있지만 평소 내 행동에 문제가 있었을 수도 있다. 팔이 안으로 굽는 것이 인지상정이지만 한 번쯤은 입장을 바꿔 생각하는 것도 필요하다.

아무튼 사람의 마음을 움직이는 가장 좋은 방법 중 하나는 칭찬과 감사다. 그러니 윗사람을 설득하는 단계에서도 이를 적극적으로 활용할 필요가 있다. 칭찬과 감사 표현을 한다고 해서 실무자의 생각을 100퍼센트 받아들이도록 설득할 수 있는 것은 아니지만 적어도 긍정적이거나 중립적인 측면에서 피드백을 해줄 수는 있을 것이다. 앞의 A마트 X지점의 경우는 어떨까? "지점장님이 부임해오시고 여러 가지 일을 하신 덕분에 지점이 많이 좋아졌다고 생각합니다."라고 운을 뗀 후 현재의 상황을 전달할 수 있다. 긍정적인 고객의 소리를 지점장의 덕분으로 돌릴 수도 있다. 그게 사실이라면 말이다. 이렇듯 칭찬과 감사를 보고 내용의 요소요소에 적절하게 삽입해서 활용하면 더욱 설득력이 높아질 수 있다.

기획자의 일에 대한
이야기를 마치며

　기획에 관한 책을 쓰기로 생각하고 나서 처음 한 일은 기획 업무를 해온 순간들을 다시 떠올려보는 것이었다. 여러 장면이 머릿속을 스쳐 지나갔고, 가장 많이 생각난 건 기획이 까일 때 상사들이 던지는 비슷비슷한 피드백이었다. 이때 보고하는 사람들의 난감해하는, 혼란에 빠진 표정들도 여러 번 봤다. 아마 지금 현장에 있는 기획자들의 모습도 크게 다르지 않으리라.

　'도대체 내 기획은 왜 까이는 걸까?'라며, 1톤짜리 고민의 무게를 짊어진 직장인들을 위해 25년간 쌓아온 나름의 노하우와 업무 도구들을 알려주고, 여러 사례와 도표를 통해 지금 당장 어떻게 써먹을 수 있는지 그 방법을 쉽게 보여주고자 했다. 때론 보다 구체적으로 보여주면 좋겠다고 생각한 부분도 있었다. 책이라는 지면의 한계로 모두 구현하기 어려웠던 아쉬움을 이곳에 담는다.

　책을 시작하며 말했듯 막연히 어렵다고 생각됐던 기획이 이제는 조금 더 익숙해지고 해야 할 것들이 한눈에 잘 그려지는 업무가 되기를 바란다. 이 책을 쓰면서 참고한 서적들이 있다. 기획에 실용적인 조언들을 해주는 책들이므로 한 번쯤 읽어보기를 권한다.《문서작성의 기술》,《기획서 시크릿 코드》,《기획이란 무엇인가》,《바바라 민토 논리의 기술》,《피셔의 비판적 사고》,《맥킨지식 사고와 기술》.

마지막으로 이 책을 내기로 했을 때만 해도 밥도 잘 먹고 건강하게 산책도 했던 '이슬이'가 책이 나오기도 전에 무지개다리를 건너 내 곁을 영원히 떠나고 말았다. 책을 쓰느라 시간을 같이 보내질 못했던 것이 못내 미안하고 여전히 옆에 없다는 사실이 믿기지 않는다. 언젠가 하늘로 가는 길목 계단 앞에서 만나길 간절히 바란다.